Licht an

Mit Liebe gemacht

W0044689

Lieblingsstücke
KINDER

20 kreative Nähprojekte von DaWanda-Designern

ZEIT FÜR NEUE
ABENTEUER

DIE WELT, WIE SIE UNS GEFÄLLT

Ein gemütliches Tipi als Rückzugsort für kleine Indianer, eine praktische Spielzeugtasche für Autofans oder eine hübsche Muffin-Schürze für Plätzchenbäcker: Das Leben mit Kindern lässt sich durch Selbstgemachtes noch ein bisschen bunter gestalten!

In diesem Buch zeigen Dir die DaWanda-Designer ihre schönsten Ideen, um das Kinderzimmer in ein Spieleparadies zu verwandeln und das Chaos der Kleinen mit praktischen Alltagshelfern kinderleicht in den Griff zu bekommen. Die Designer stellen sich jeweils kurz vor und erklären dann Schritt für Schritt anhand von detaillierten Fotos, wie Du am besten vorgehst. Tipps und Tricks erleichtern Dir die Arbeit und helfen, Deine eigenen individuellen Ideen in die Vorlagen einzubauen. So bleibt viel Spielraum für Deine eigenen Vorstellungen und die Vorlieben Deiner Kleinen!

Schau gerne auch im DaWanda DIY-Portal (https://de.dawanda.com/do-it-yourself/) vorbei und lass dich von noch mehr außergewöhnlichen, praktischen und liebevoll gestalteten Projekten inspirieren!

Starte jetzt!

Licht an!

LAMPEN-
SCHIRM

MATERIAL

- Drahtring mit Innenteil zur Befestigung der Fassung (Ø 35 cm)
- Drahtring ohne Innenteil (Ø 35 cm)
- Lampenschirmfolie
- Dekostoff
- Doppelseitiges Klebeband

WERKZEUG

- Wäscheklammern
- Lineal
- Schere
- Stift

ANLEITUNG

1)

Lampenschirmfolie zuschneiden:
Breite: 35 cm x 3,14 = 109,9 cm + 1,5 cm
Überlappung (also ca. 111,4 cm).
Höhe: beliebig (hier ca. 28 cm)

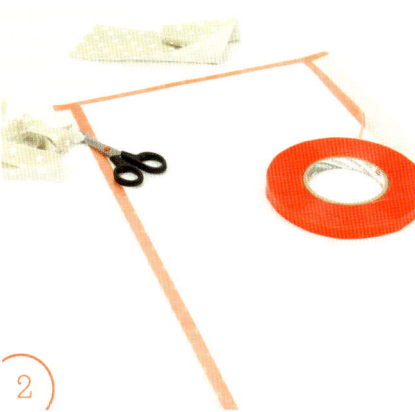

2)

Dekostoff zuschneiden:
Breite: 35 cm x 3,14 = 109,9 cm + 5 cm
rechts und links Überschnitt (also ca.
119,9 cm). Höhe: nach dem Beispiel
28 cm + 5 cm oben und unten Überschnitt (also ca. 38 cm).
Ziehe die Folie von der Lampenschirmfolie ab und lege den Stoff so versetzt
auf die Folie an, dass rechts, links, oben
und unten ca. 5 cm Stoff überstehen.
Versieh den überstehenden Stoff an al-
len drei Kanten eng an der Folie mit
doppelseitigem Klebeband und
schneide ihn auf die Breite des Klebe-
bandes zurück.

FÜRS **BUNTE KINDERZIMMER**

Das junge Label BABY LAL® von Perihan Gülmez aus Berlin konzipiert Baby-Bettausstattung speziell für die Kleinen. Im DaWanda-Shop erwartet Dich eine feine und vor allem unverwechselbare Auswahl an selbst entworfenen Artikeln für Jungen und Mädchen. Hier findest Du alles, was das Kinderzimmer bunter, lustiger und gemütlicher macht. Als Geschenk für schöne Anlässe wie Geburt, Taufe, Geburtstag oder einfach nur so, um Freude zu bereiten.

3) Ziehe die Folien vom Klebeband ab. Nun fixierst Du die Drahtringe eng am Anfang der Lampenschirmfolie und befestigst sie mit Wäscheklammern. Drehe sie langsam und gleichmäßig über die ganze Folie bis zur Überlappung und verklebe dann beide Enden miteinander. (Je nachdem, ob Du eine Hänge- oder Stehlampe anfertigen möchtest, solltest Du den Drahtring mit Innenteil oben oder unten anlegen).

4) Überklebe den überstehenden Stoff sauber am Draht. Ritze bei dem Drahtring mit Innenteil den Stoff an den Querstangen leicht mit einer Schere ein und umklebe ihn.

LICHTER
KETTE

MATERIAL

- Beliebige Stoffe (vorzugs-weise Webware), 20 cm breit
- 10 selbstklebende Lampen-schirmchen aus Lampenfolie
- 20 Kunststoffdruckknöpfe zum Schließen der Schirmchen
- 1 Lichterkette mit 10 Lämp-chen, am besten mit Schalter
- Beliebige Stoffe, 20 cm breit.

WERKZEUG

- Lochzange
- Schere

ANLEITUNG

Vorbereitung: Lege Dir Dein Material und Werkzeug bereit und überlege, wie Du die Stoffe kombinieren möchtest.

Ziehe die Schutzfolie von den selbstklebenden Lampenschirmchen ab und klebe sie auf die linke Stoffseite. Fest andrücken.

Schneide überstehenden Stoff entlang der Kante des Lampenschirmchens ab. Stanze dann die vier vorgegebenen Löcher mit einer Lochzange aus.
TIPP: Achte darauf, dass die Löcher nicht zu groß werden, sonst passen die Kunststoffdruckknöpfe nicht.

Drücke zwei Kunststoffdruckknöpfe von außen in die Löcher der Schirmchen und schließe den unteren Knopf. Der obere Knopf bleibt noch offen.

Nun können die Schirmchen in beliebiger Reihenfolge auf die Lämpchen der Lichterkette gesteckt werden. Schließe jetzt nur noch den oberen Knopf.

Und fertig ist Deine ganz individuelle Lichterkette!

GLÜCKSKINDER

Ich bin Lea – Mama, Ehefrau, Freundin und Gründerin einer kleinen Manufaktur in Süddeutschland.

Nach meinem Studium zur Diplom-Ingenieurin für Bekleidungstechnik habe ich viele Jahre als Produktentwicklerin in der Modebranche gearbeitet. Durch meine berufliche Tätigkeit war ich weltweit unterwegs und konnte viele Ideen sammeln. Inspiriert von diesen Eindrücken und meiner Familie ist die Idee eines kleinen, aber feinen Labels mit wunderschönen und individuellen Lieblingsstücken für kleine und große Glückskinder entstanden.

Das Unternehmen wurde 2010 von mir gegründet und wächst seitdem an. Die komplette Kollektion wird mit viel Liebe zum Detail und Herzblut entworfen und hergestellt. Alle Materialien werden sorgfältig ausgesucht, dabei lege ich sehr viel Wert auf qualitativ hochwertige Produkte.

Mein Team und ich arbeiten ständig an neuen und kreativen Ideen, um die Welt ein bisschen fröhlicher und bunter zu gestalten.

🛍 Für Glückskinder
🏬 https://de.dawanda.com/shop/fuerglueckskinder
👩 www.fuerglueckskinder.de

11

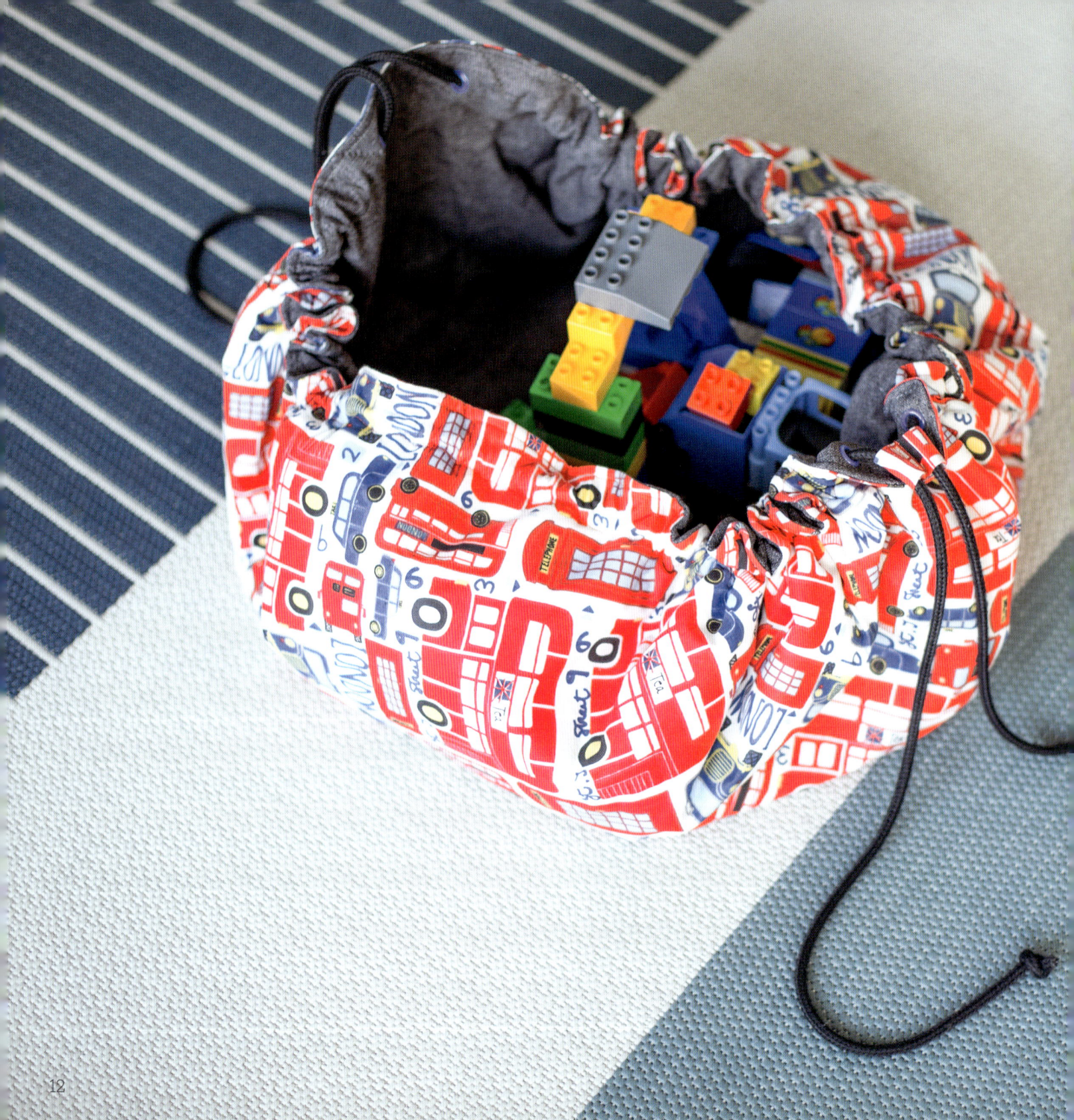

SPIELMATTE

SPIELZEUGTASCHE

MATERIAL

- ❯ 1 m bunter Baumwollstoff
- ❯ 1 m fester Stoff, ggf. gefüttert
- ❯ Optional: 1 m Volumenvlies
- ❯ 4 m Kordel
- ❯ 4 Ösen, passend zum Kordeldurchmesser
- ❯ Nähgarn
- ❯ Nähutensilien

WERKZEUG

- ❯ Nähmaschine
- ❯ Passendes Werkzeug (z. B. Vario-Zange)

✂: Alle Nahtzugaben sind bereits enthalten.

ANLEITUNG

Aus dem Oberstoff und dem Unterstoff schneidest Du jeweils einen Kreis mit einem Durchmesser von 1 m zu. Wenn Du ein Volumenvlies benutzt, musst Du auch dieses zuschneiden. Es empfiehlt sich aber, hier 5 cm weniger zu wählen, damit der Tunnelzug nicht verstärkt ist. Ein Tipp zum Kreiszuschnitt: Lege Deinen Stoff im Stoffbruch und falte ihn noch einmal mittig im rechten Winkel zum Stoffbruch. Jetzt hast Du eine Ecke, an der nur geschlossene Stoffkanten liegen – das ist Deine Stoffmitte. Schnappe Dir eine Schnur und schneide Dir ein 50 cm langes Stück ab. Halte es an diese Ecke und ziehe das andere Ende über den Stoff. Male diesen Viertelkreis mit dem Trickmarker nach und schneide dann durch alle Stofflagen.

Schnappe Dir nun den Außenstoff und klappe ihn einmal in der Mitte zusammen. Du kannst Dir so nun am Rand zwei genau gegenüberliegende Stellen markieren.
Bringe an jeder Stelle jeweils zwei Ösen mit einem Abstand von etwa 12 cm voneinander und 4 cm vom Rand entfernt an. Ösen werden entweder mit dem Hammer eingeschlagen oder bequem mit der Zange angebracht. Achte hier einfach auf die Herstellerangaben. Falls Du den Stoffrand nicht mit Vlies verstärkt hast, solltest Du die Stellen, an denen Du die Ösen anbringen möchtest vorher mit Reststücken einer festen Einlage oder mit Wonder Dots verstärken. Es werden hier auf beiden Seiten zwei Ösen angebracht, damit Du die Kordel nachher an zwei Seiten straffen kannst.

Lege die beiden Stoffkreise rechts auf rechts aufeinander und nähe einmal rundherum. Lass dabei eine Wendeöffnung von etwa 15 cm offen.
Schneide dann ringsherum etwa alle 4 cm die Nahtzugabe mit einem kleinen Knips bis zur Naht ein. Achte aber unbedingt darauf, die Naht nicht zu beschädigen.
Im Bild liegt die Matte übrigens in der Mitte übergeschlagen – deswegen sind beide Seiten sichtbar.

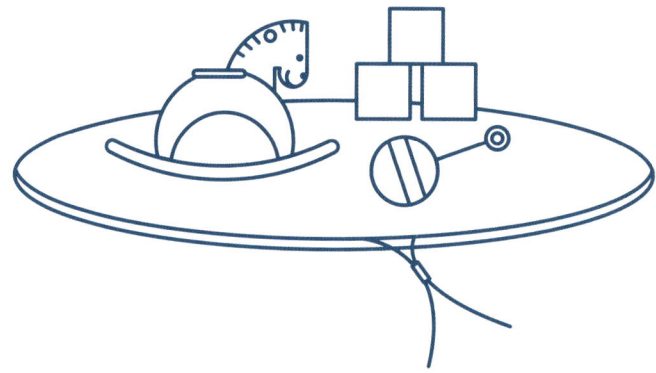

Jetzt kannst Du die Matte durch die Wendeöffnung wenden. Steppe die Matte dann noch einmal nah am Rand von oben ab. Danach steppst Du noch einmal circa 5 cm von der ersten Steppnaht einen weiteren Kreis ab. So entsteht Dein Tunnelzug. Mit einer Sicherheitsnadel kannst Du jetzt die Kordel einfädeln. Das braucht manchmal etwas Geduld – klebe Dir die Sicherheitsnadel am besten mit Klebestreifen einmal rundherum ab, damit sie Dir im Inneren des Tunnelzugs nicht aufgeht. Wenn es nicht weiter vorwärts geht, ziehe die Kordel wieder ein Stück zurück und versuche es erneut.

Wenn Du einen Kordelstopper aus Stoff anbringen möchtest, musst Du zunächst ein 10 x 10 cm großes Stoffstück zuschneiden. Falte dieses dann einmal mittig und klappe die beiden Seiten noch einmal zur Mitte ein – wie ein Schrägband. Bügle das Stoffstück so, dass es in Form bleibt.

Lege dann ein Kordelende auf das Stoffstück und klappe das Stoffende zweimal nach innen, sodass etwas Stoff vom Ende auf der Stoffmitte liegt und Du es gleich festnähen kannst (siehe Bild). Lege dann das andere Kordelende auf die andere Stoffseite und klappe diese ebenfalls ein, sodass die Stoffe mittig leicht überlappen.

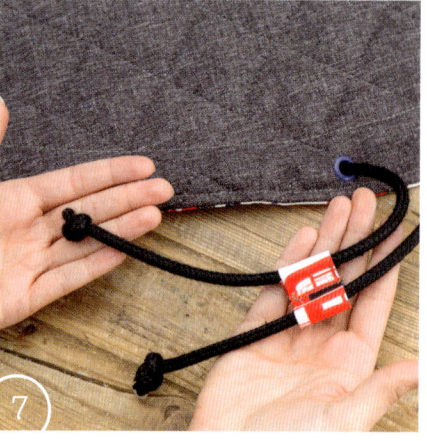

Nähe dann mit einem Zickzackstich über die Mitte des Kordelstoppers. Achte dabei unbedingt darauf, die Kordel nicht anzunähen.

NICHT NUR
NACHTAKTIV

Ich bin Nastja von DIY Eule. Ich liebe kreative Ideen. Ob nähen, häkeln, basteln oder upcycling – Hauptsache selber machen und am liebsten jeden Tag!

Do **I**t **Y**ourself – Eigene und liebevolle Einzelstücke, kurz: DIY Eule. Ein paar meiner Sachen verkaufe ich in meinem DaWanda Shop. Ansonsten versuche ich, euch regelmäßig mit tollen Näh-, Häkel- und DIY-Anleitungen zu versorgen.

Schon bist Du fertig. Die Kordelenden kannst Du noch auf eine passende Länge kürzen – das solltest Du aber unbedingt im komplett ausgebreiteten Zustand machen. Die Enden kannst Du dann veröden oder verknoten.

🛍 DIY Eule

🔲 https://de.dawanda.com/shop/DIY-Eule

f DIYeule

📷 @diy-eule

▶ diyeule

MATERIAL

- Baumwollstoff Vogelmuster, 28 cm
- Baumwollstoff gepunktet, 28 cm
- Baumwollstoff einfarbig, 28 cm
- Vlieseline H 630 (oder ein anderes aufbügelbares Volumenvlies mittlerer Stärke), 27 cm
- 2 Snap-Sets (Kunststoffdruckknöpfe)
- Schrägband, rosa gepunktet, 112 cm

WERKZEUG

- Nähmaschine
- Nähgarn
- Stoffschere
- Rollschneider, Quiltlineal und Schneidematte (sind sehr hilfreich, müssen aber nicht sein)
- Stecknadeln
- Bügeleisen
- Filzstift
- Weicher Bleistift oder Trickmarker
- Snap-Zange, Ahle
- Lineal oder Maßband
- Irgendeinen runden Gegenstand mit einem Durchmesser von ca. 7 cm (ein Glas, eine Tasse oder, wie bei mir, eine leere Geschenkbandrolle)
- Pappstück zum Basteln einer Schablone für die Feuchttuchöffnung

WINDEL-TASCHE

ANLEITUNG

Zuschnitt

Vogelstoff
1 Rechteck 28 x 40 cm
1 Rechteck 28 x 14 cm

1 Rechteck 28 x 14 cm
1 Rechteck 28 x 15 cm
2 Rechtecke 28 x 17 cm

Punktestoff
1 Rechteck 28 x 15 cm
2 Rechtecke 28 x 17 cm
1 Rechteck 22 x 8 cm (nur nötig, wenn man ein Schnullerband nähen möchte)
2 Rechtecke 9 x 14 cm (für die Verschlusslasche)

Vlieseline H 630
1 Rechteck 27 x 39 cm
1 Rechteck 7 x 13 cm (Die 7 cm passt Du an den Durchmesser Deines runden Gegenstandes an. Wenn Dein Gegenstand beispielsweise einen Durchmesser von 7,5 cm hat, muss Dein Rechteck 7,5 cm breit sein.)

Baumwollstoff einfarbig
1 Rechteck 28 x 40 cm

Schrägband
4 Abschnitte à 28 cm

Mithilfe Deines runden Gegenstandes zeichnest Du auf das kleine Vliesrechteck an einem Ende mit dem Filzstift einen Halbkreis. Um zu verhindern, dass sich nachher beim Aufbügeln Filzstiftflecken auf den Stoff durchdrücken, zeichne auf der Oberseite (ohne Klebepunkte) ein und achte darauf, dass Du beim Ausschneiden die Markierung entfernst.

Nun bügelst Du die Vlieseline nach Herstellerangabe auf die jeweiligen Stoffstücke auf. Das große Vliesrechteck kommt auf das große Rechteck aus dem Vogelstoff und das nun abgerundete Vliesteil aus Schritt 2 auf eines der Rechtecke 9 cm x 14 cm aus dem Punktestoff. Achte darauf, dass an der Seite der Rundung ein Abstand von ca. 1 cm als Nahtzugabe verbleibt.

Für die Feuchttuchöffnung bastelst Du Dir zunächst eine Schablone. Nimm das Pappstück und zeichne darauf ein Rechteck. Die kurze Seite entspricht dem Durchmesser Deines runden Gegenstandes, die lange Seite misst 13 cm. Dann zeichnest Du mithilfe Deines runden Gegenstandes innerhalb des Rechteckes zwei Halbkreise ein. Markiere Dir mit einem Filzstift die Mitte Deiner Schablone bei 6,5 cm. Das so entstandene Oval schneidest Du aus, fertig ist Deine Schablone.

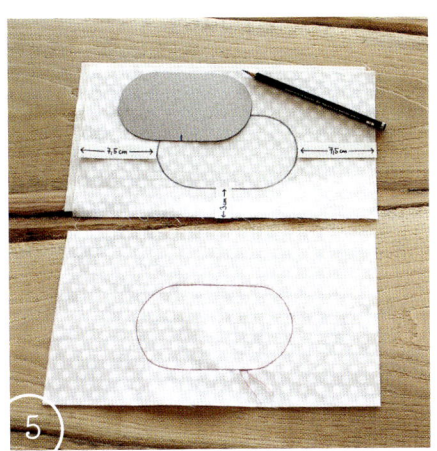

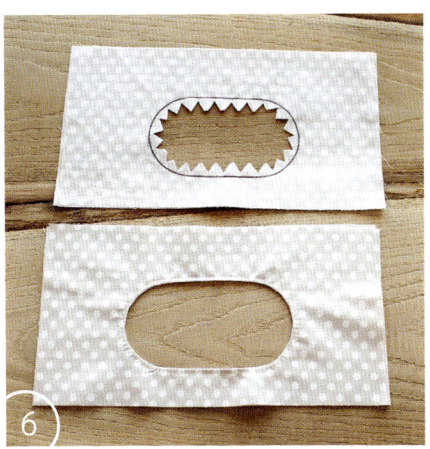

Auf das Rechteck 28 x 15 cm aus Punktestoff zeichnest Du nun mithilfe Deiner selbstgebastelten Schablone und eines weichen Bleistiftes auf die linke Stoffseite ein Oval ein. Achte darauf, dass das Oval an der Längsseite ca. 3 cm vom Rand entfernt ist und dass die Abstände zu den beiden kurzen Seiten gleich lang sind. Lege nun den Punktestoff mit der rechten Stoffseite auf das ebenso große Rechteck aus einfarbigem Stoff und nähe nun mit einem einfachen Geradstich genau auf dem Oval entlang die beiden Stoffstücke zusammen.

Im Anschluss an das Nähen schneidest Du das Innere des Ovals mit einem Abstand von ca. 1 cm zur Naht aus. Nun kerbst Du die Nahtzugabe ringsum ein, indem Du kleine Dreiecke aus der Nahtzugabe ausschneidest. Du erreichst damit, dass sich der Stoff beim Wenden und anschließenden Bügeln schöner legt. Zum Bügeln legst Du das Arbeitsstück mit dem Punktestoff nach oben vor Dich auf das Bügelbrett. Ziehe nun den unteren einfarbigen Stoff nach und nach durch die ovale Öffnung nach oben und bügele an der Nahtkante entlang die beiden aneinander genähten Stoffe glatt. Wenn Du möchtest, kannst Du nun noch im Abstand von ca. 3 mm zur Öffnung einmal um Deine Feuchttuchöffnung herumsteppen.

Für die Verschlusslasche sind drei Arbeitsschritte nötig: Zunächst legst Du die beiden Stoffteile aus Punktestoff in den Maßen 9 x 14 cm, eines davon bebügelt mit Vlieseline, rechts auf rechts aufeinander und nähst genau am Vlies mit einem Geradstich die beiden Stoffteile aneinander. Nach dem Nähen schneidest Du an der Rundung die überstehenden Ecken ab. Du kerbst nun die Nahtzugabe in der Rundung, wie zuvor bei der Feuchttuchöffnung, mit kleinen dreieckigen Ausschnitten ein. Anschließend wendest Du Deine Verschlusslasche, bügelst sie glatt und steppst sie am Rand entlang ab.

Für das Schnullerband legst Du den Punktestoff in den Maßen 22 x 8 cm mit der rechten Seite nach oben vor Dich auf Dein Bügelbrett. Falte den Stoff einmal der Länge nach und bügle die Kante mit dem Bügeleisen. Anschließend nähst Du mit der Nähmaschine mit einem Geradstich an zwei der offenen Seiten entlang und schneidest mit der Schere die genähte Ecke ab. Wende dann den Streifen mithilfe eines dünnen Stabes oder eines Stiftes. Bügle das Band und steppe es am Rand entlang ab.

Als nächstes nähst Du an alle vier Innentaschen das Schrägband an. Hierzu nimmst Du Dir die beiden Rechtecke aus Punktestoff (28 x 17 cm) und die einfarbigen Stoffteile in der gleichen Größe. Lege jeweils ein gepunktetes und ein einfarbiges Rechteck passgenau aufeinander. Die rechte Seite des Punktestoffes zeigt nach außen. Nun klappst Du das Schrägband an der Längsseite um die beiden Stoffe und nähst es mit einem Geradstich fest. Achte darauf, dass die Stoffe sich nicht verschieben und dass Du beim Nähen beide Stoffe und das Schrägband sowohl auf der Vorder- als auch auf der Rückseite mit dem Geradstich erfasst.
Genauso verfährst Du mit dem Rechteck aus Vogelstoff und aus einfarbigem Stoff in den Maßen 28 x 14 cm. Hier musst Du darauf achten, dass das Schrägband an der richtigen Seite des Vogelstoffes angenäht wird, sonst steht der Vogelstoff bei der fertigen Tasche auf dem Kopf. Zuletzt nähst Du das Schrägband an das Teil, in welches Du bereits die Feuchttuchöffnung eingearbeitet hast. Achte darauf, dass Du das Schrägband an die Seite nähst, die den geringeren Abstand zur Feuchttuchöffnung hat.

Wenn Du gerne kleine Abteilungen in der rechten Innentasche haben möchtest, nimmst Du Dir eines der gerade mit Schrägband versäuberten 17 cm breiten Rechtecke aus Punktestoff, legst darauf das gerade versäuberte 14 cm breite Rechteck aus Vogelstoff und nähst die Abteilungen mit den Abständen, die Du gerne haben möchtest.

Nähe an der markierten Stelle mehrmals vor und zurück, um ein Aufgehen der Naht zu verhindern.

Du legst nun die Schnittteile wie folgt zusammen: Zuunterst kommt das Rechteck (28 x 40 cm) aus einfarbigem Stoff. Auf die linke Seite legst Du nun bündig zum äußeren Rand die Innentasche aus Punktestoff (28 x 17 cm), obenauf die Innentasche mit der Feuchttuchöffnung. Auf die rechte Seite legst Du die zusammengenähten Rechtecke aus Punktestoff und Vogelstoff. In die Mitte kommt das Schnullerband (Öffnung zum Rand). Achte beim Platzieren der Verschlusslasche darauf, dass sie genau in der Mitte der rechten Seite liegt.

Platziere nun das große mit Vlieseline bebügelte Rechteck aus Vogelstoff exakt auf die übrigen Schnittteile. Wichtig ist, dass Du an dieser Stelle den Musterverlauf beachtest und die Vögel nicht mit den Köpfen nach unten aufliegen.

Stecke nun alle Teile sorgfältig mit Stecknadeln fest. Achte darauf, dass sich beim Feststecken nichts verschiebt. Zeichne Dir an der linken Seite zwei Markierungen für die Wendeöffnung ein.

Nähe nun rundherum durch alle Lagen mit einer Nahtzugabe von 1 cm. Lasse an der schmalen Seite ohne Verschlusslasche die Wendeöffnung. Kappe mit einer Schere vorsichtig die Ecken, ohne die Naht zu beschädigen und wende die Tasche durch die verbliebene Öffnung auf rechts. Forme die Ecken sorgfältig aus, indem Du durch die Wendeöffnung in die Tasche hineingreifst und die Ecken mit den Fingern herausdrückst.

Schlage den Stoff an der Wendeöffnung nach innen und verschließe die Öffnung mit einem Geradstich an Deiner Nähmaschine.

So sieht die verschlossene Wendeöffnung aus. Mit dem Nähen bist Du nun fertig.

Jetzt geht es ans Befestigen der Snaps. Steche mit der Ahle vorsichtig ein Loch in die Verschlusslasche, an der Stelle, wo Du den Druckknopf gerne haben möchtest.

Stecke von der Außenseite der Verschlusslasche ein Cap (das wie ein Reißbrettstift aussehende Teil des Snaps) durch das Loch, sodass der spitze Stiel des Caps an der Innenseite der Verschlusslasche herausschaut.

Auf diesen Stiel setzt Du nun den Stud (den „männlichen" Teil des Druckknopfes) auf.

Nimm Dir nun die Zange und setze sie auf Cap und Stud. Achte darauf, dass die Teile passgenau in der Zange sitzen und presse mit der Zange die Teile zusammen.

Lege die Windeltasche geschlossen vor Dich und markiere mithilfe der Verschlusslasche die Stelle auf der Windeltasche, wo das Gegenstück des Druckknopfes befestigt werden soll.

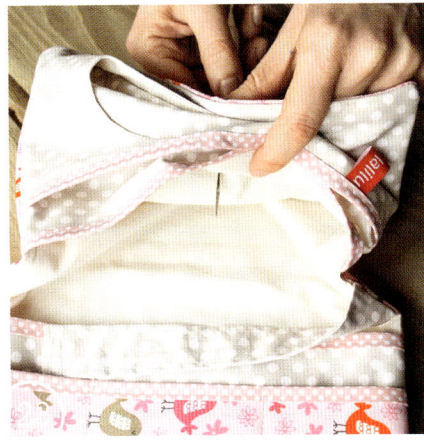

Steche mit der Ahle vorsichtig an der markierten Stelle ein. Halte dabei die Innentaschen zur Seite, damit Du nicht durch die Innentaschen stichst.

Stecke nun von innen ein Cap durch das Loch und setze an der Außenseite ein Socket ("weibliches" Gegenstück zum Stud) auf die herausstehende Spitze des Caps.

Setze nun die Zange auf die eingesetzten Teile. Hierzu musst Du die Innentaschen raffen, damit Du mit der Zange die nötige Bewegungsfreiheit hast. Befestige zuletzt am Schnullerband im Abstand von ca. 12 cm die beiden Teile des zweiten Snap-Sets. So kannst Du einen Schnuller mit Ring an dem Band befestigen. Die Windeltasche ist nun fertiggestellt und bereit zum Einsatz.

IM **KREATIVEN** CHAOS

lalilu – das ist ein kleines, aber feines Label aus dem schönen Neustadt an der Weinstraße. lalilu wurde 2012 von Christa Glas gegründet.

Aufgewachsen inmitten von Weinbergen am Rande des Pfälzerwaldes, hat sie schon als Kind gesägt, gehämmert und geschraubt, aber auch genäht, gestickt und gehäkelt und so ihren Schaffensdrang ausgelebt.

Mittlerweile hat sie ihre große Leidenschaft für farbenfrohe Stoffe zum Beruf gemacht. Zu Beginn waren es nur einige Meter, mittlerweile stapeln sich unzählige bunte Ballen in den Räumen über der ehemaligen elterlichen Weinkellerei und warten auf ihre Verarbeitung.

Im kreativen Chaos ihrer Werkstatt entstehen in liebevoller Handarbeit qualitativ hochwertige Schätze aus Stoff, die Groß und Klein verzaubern und im Alltag viel Freude bereiten. Im DaWanda-Shop von lalilu findet ihr eine Vielzahl von Windeltaschen, die von der Liebe zu schönem Design zeugen.

lalilu
https://de.dawanda.com/shop/lalilu-handmade
www.lalilu-handmade.de
/laliluhandmade

MEISTERLANGOHR

ANLEITUNG

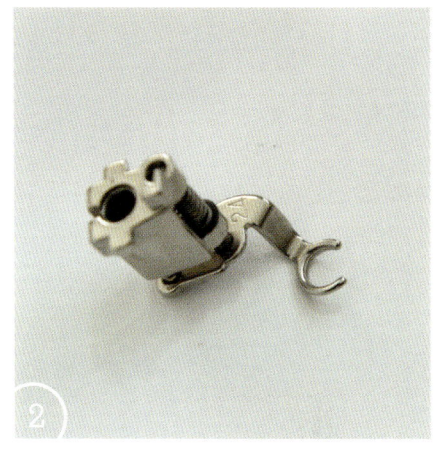

Schneide alle Schnittmusterteile zu und zeichne auf die Vorderseite mithilfe des Trickmarkers das Hasengesicht auf.

Für das Freihandsticken mit der Nähmaschine empfiehlt es sich, einen entsprechenden Stickfuß zu verwenden. Manche machen es komplett ohne Fuß, nur mit der Nähnadel in der Maschine. Da habe ich allerdings keine Erfahrung. Ich arbeite gerne mit Stickfüßen.

✄ Alle Nahtzugaben sind bereits enthalten.

✄ Das Schnittmuster findest Du auf dem Schnittmusterbogen.

MATERIAL

- Halbleinen in der Farbe Natur, 50 x 140 cm
- Rosafarbener Baumwollstoff, 20 x 110 cm
- Nesselstoff für das Füllkissen, 40 cm
- Endlosreißverschluss, 35 cm
- Zipper
- Stempelfarbe
- Füllwatte ca. 200 g
- Stickgarn in den Farben Schwarz, Rot und Rosé

WERKZEUG

- Schere
- Stecknadeln
- Trickmarker
- Nähmaschine
- Universalnadel 80/90 für Nähmaschine
- Stickrahmen
- Stickfuß
- Trickmarker oder alternativ Stoffkreide
- Bügeleisen

ℹ Kleiner Tipp: Falls Du noch nie Freihand genäht hast, nähe vorher auf einem Stoff Probe, um ein Gefühl für das Freihandnähen zu bekommen.

Versenke zum Sticken den Transporteur.

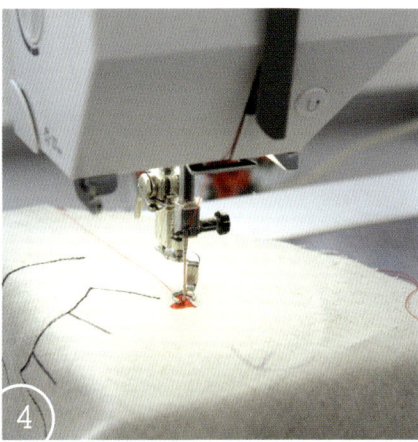

Nähe nun das vorgezeichnete Gesicht nach. Die Augen und den Mund habe ich mit schwarzem Garn bestickt. Die Nase und die Backen in Rosé. Als besonderes Detail habe ich unter dem Auge ein Herz in Rot gestickt.

Anwendung der Stempelfarbe auf Stoff: Betupfe das Kissen mit einem Stoffrest. Trage die Farbe dabei gleichmäßig auf. Die Farbe muss jetzt 5 bis 10 Minuten trocknen. Decke den Farbabdruck zum Schutz des Bügeleisens mit Küchenrolle oder Stoffresten ab. Fixiere die Farbe jetzt ca. 15 Sekunden lang mit dem Bügeleisen. Der Stoff samt Stempelabdruck ist jetzt bei 30 °C waschbar.

Trage die Stempelfarbe zuerst auf einen Stoffrest auf und betupfe dann vorsichtig die Backen mit der Stempelfarbe. Anschließend fixierst Du sie, wie in Schritt 5 beschrieben.

Versäubere 2 x die Rückteile/Öffnung für den Reißverschluss. Wenn Du eine Overlock hast, kannst Du diese einsetzen, ansonsten verwende einen Zickzackstich.

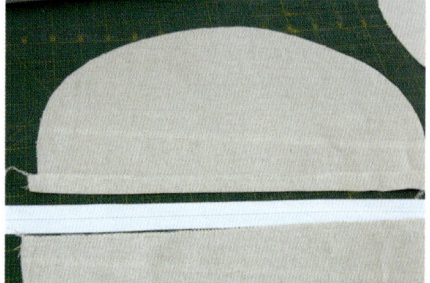

Schlage für den verdeckten Reißverschluss die obere Öffnung knapp 4 cm um und bügle sie.

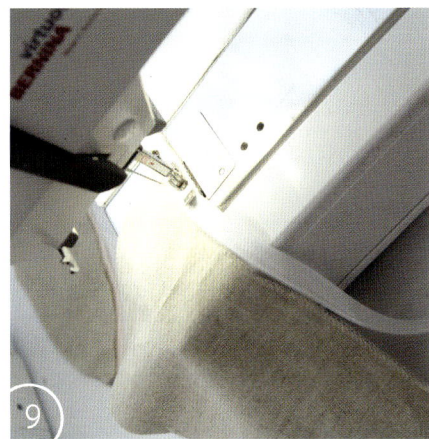

Teile den Endlosreißverschluss und nähe den unteren Teil der Rückseite bündig. Dabei sollen die Zähne des Reißverschlusses, wie im Bild zu sehen, nach innen Richtung Stoff zeigen.

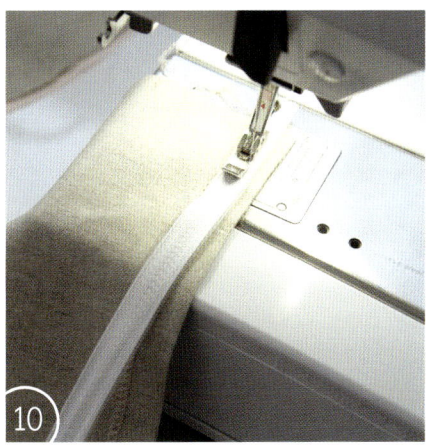

Lege nun entlang der gebügelten Kante die zweite Seite des Reißverschlusses. Jetzt sollten die Zähne Richtung Kante schauen und auch nach innen Richtung Stoff. Der Reißverschluss sollte, wie im Bild, bündig mit der umgeklappten Kante sein.

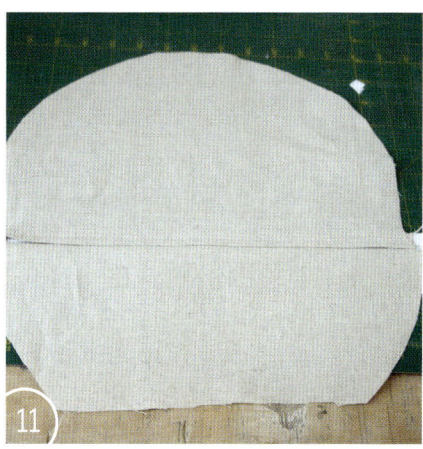

Fädle den Zipper an den beiden Endlosreißverschlüssen ein.

Nähe nun jeweils Vorder- und Rückteil der Hasenohren rechts auf rechts zusammen und klappe sie um.

Befülle diese dann im Anschluss mit Füllwatte.

Stecke die Ohren an der Vorderseite des Gesichts mithilfe von Stecknadeln fest. Im Anschluss steckst Du die Rückseite mit verdecktem Reißverschluss rechts auf rechts zusammen und nähst sie mit einer Nahtzugabe von 1 cm ringsum zu und versäuberst.

fräulein otten

GEMÜTLICHES KISSENMEER

Mein Name ist Stephanie Friedrich und ich bin die Fräulein Otten. Ich bin freischaffende Modedesignerin sowie Dozentin für angewandte Kunst. Mit Herz und Leidenschaft nähe, filze und bastele ich Produkte, die hauptsächlich aus Stoff, Filz, Papier und Recyclingmaterialien bestehen.

Meine große Leidenschaft gilt dem Wohnen und Einrichten. Ich liebe es, Kissen zu nähen, und so entstand die Idee für einen Kissenshop.

Ein Kissen ist nicht nur ein Kissen. Es kann einen Raum zu etwas Besonderem machen. Mit Kissen werden Akzente gesetzt und es wird Leben in farblose oder langweilige Räume gebracht. Alles ist ohne riesige Investitionen möglich. Nicht zu vergessen, wie gemütlich es ist, in einem Kissenmeer zu liegen!

Die Produkte sind aus hochwertigen Materialien hergestellt. Der Mix aus unterschiedlichen Mustern sowie die Kombination verschiedener Materialien machen diese Kissen zu kleinen Objekten.

🛍 Fräulein Otten
🔗 https://de.dawanda.com/shop/fraeuleinotten
🐾 www.fraeulein-otten.blogspot.com

Der Bezug kann durch die Öffnung des Reißverschlusses gewendet werden.

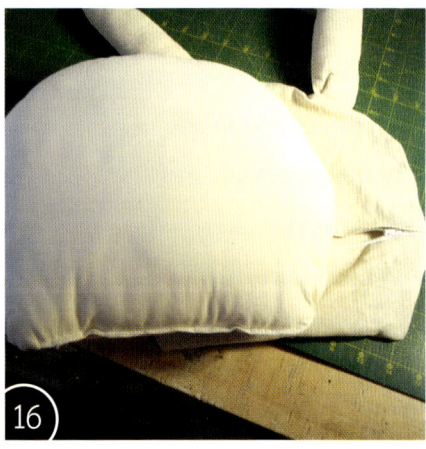

Um ein passendes Füllkissen zu nähen, schneidest Du 2 x ein Vorderteil ringsum 2 cm größer aus und nähst es ringsum zusammen. Dabei lässt Du eine Wendeöffnung von ca. 7 cm offen. Wende den Bezug und fülle ihn schön prall mit Füllwatte. Im Anschluss schließt Du die Wendeöffnung. Lege nun das Füllkissen in den Hasenbezug, schließe den Reißverschluss und fertig ist das Hasenkissen.

KISSEN
WOLKE

✂: Das Schnittmuster findest Du auf dem Schnittmusterbogen.

✂: Alle Nahtzugaben sind bereits enthalten.

MATERIAL

- Baumwollstoff, ca. 30 x 50 cm groß Baumwollteddyplüsch, ca. 30 x 50 cm groß
- Polarfleece in hellrosa, 10 x 10 cm
- Füllwatte
- Nähgarn
- Stickvlies
- Vliesofix

WERKZEUG

- Nähmaschine & Zubehör
- Bügeleisen

Schneide das Schnittmuster aus und übertrage die Wangen auf Vliesofix.

Schneide vorsichtig die Konturen von Augen und Mund aus.

Lege das Schnittmuster mittig auf den Baumwollstoff (rechte Stoffseite) und zeichne mit einem dünnen Stift Augen und Mund nach.

Bügle das Vliesofix auf das Polarfleece auf.

Schneide die Wangen aus.

Klebe (oder bügle) Dein Stickvlies auf die Rückseite Deines Stoffes, wo Augen und Mund gestickt werden.

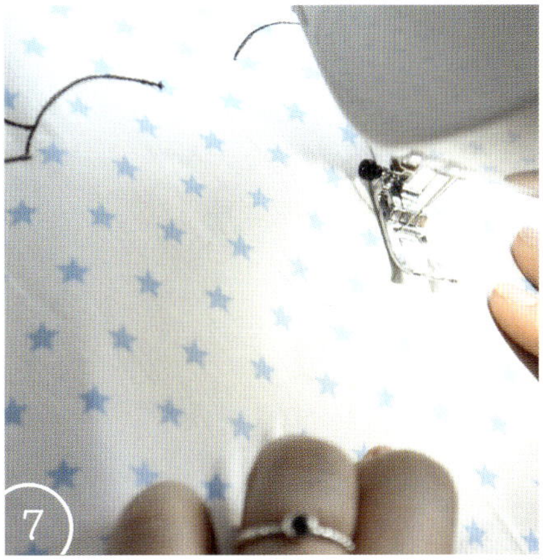

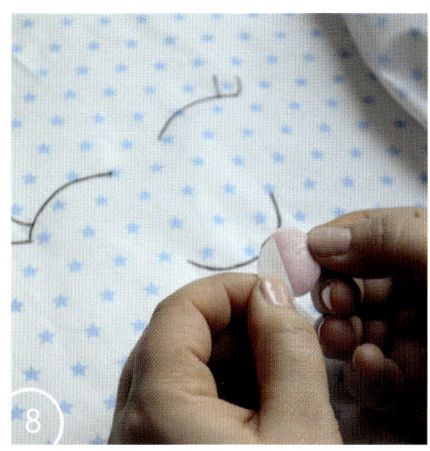

7 Nun kannst Du die Konturen von Augen und Mund vorsichtig mit Geradstich absteppen. Die besten Ergebnisse werden erzielt, wenn man 2–3 Mal darübernäht.

8 Entferne die Papierreste vom Vliesofix.

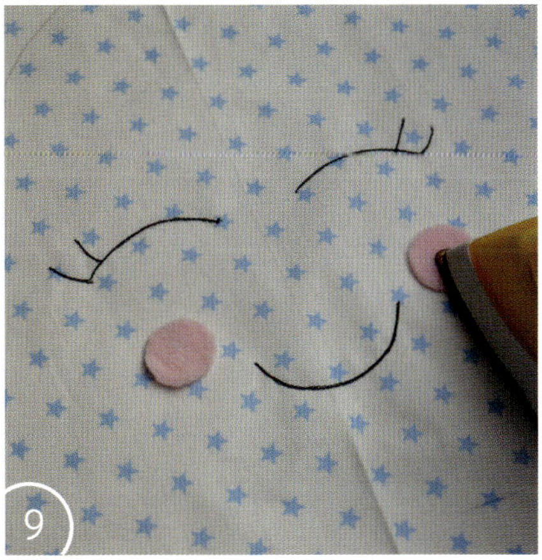

9 Bügle die Wangen auf den Baumwollstoff auf.

10 Steppe nun die Wangen mit einem Geradstich kreisförmig ab.

(11)

Entferne den Stickvlies von der Stoffrückseite.

(12)

Lege das Schnittmuster mittig auf die linke Stoffseite und zeichne die Konturen von der Wolke mit einer Nahtzugabe von 1 cm nach.

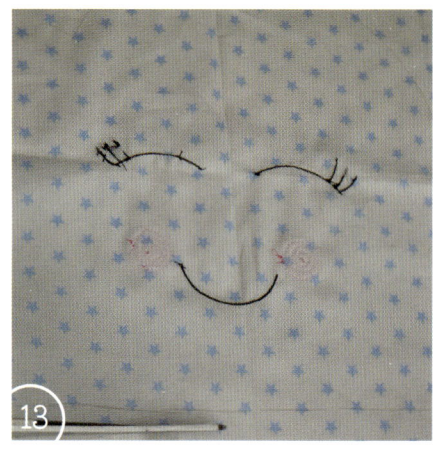

(13)

Schneide Deinen Stoff dann entsprechend zu.

(14)

Stecke Baumwollstoff und Baumwollteddyplüsch mit Stecknadeln zusammen.

(15)

Nähe beide Stoffe zusammen und lasse dabei eine Wendeöffnung von ca. 10 cm an der Unterseite offen.

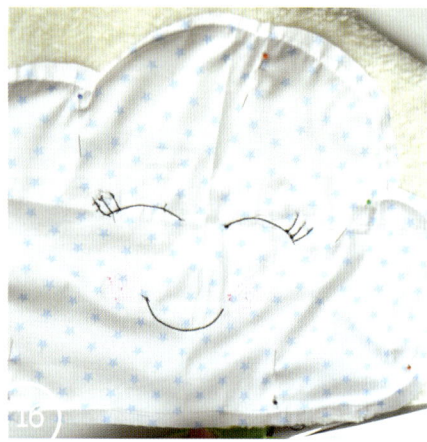

(16)

Schneide den Baumwollteddyplüsch entlang der Nahtzugabe entsprechend zu und wende das Kissen.

Befülle Dein Kissen durch die Wendeöffnung mit Füllwatte. Schließe danach die Wendeöffnung per Hand oder mit der Nähmaschine.

kleine ♥ Herzlichkeiten

Nanilu

UNVERWECHSELBAR

NANILU ist ein kleines Label, das im Jahr 2010 gegründet wurde.

Inspiriert durch die schönsten Momente im Leben wie Schwangerschaft, Geburt oder Taufe, entstehen unsere einzigartigen Kollektionen, die in liebevoller Handarbeit und mit viel Leidenschaft in Münster entworfen und produziert werden.

Nanilu ist einzigartig, unverwechselbar, zeitlos und 100 % handmade in Deutschland. Jedes Nanilu-Stück ist ein Unikat und wird auf Wunsch personalisiert. Es gibt eine Vielzahl von Möglichkeiten – so individuell wie Sie und Ihr Kind!

NANILU

https://de.dawanda.com/shop/nanilu

www.nanilu-shop.de

/Nanilushop

@nanilu.shop

MATERIAL

- ❯ Baumwolljersey, 30 x 25 cm
- ❯ Dünner Fleecestoff (Flausch), 30 x 25 cm
- ❯ Blickdichter klassischer Polyesterstoff (wie für Hosen, Röcke und Jackets), zwei Stück 11 x 15 cm und 5,5 x 7,5 cm
- ❯ 3 Bänder in Breite 1,5–2,5 cm, 4 cm lang (optional)
- ❯ Klettverschluss in passender Farbe in Breite 2–2,5 cm, zwei Stück – 4,5 cm lang und 2 cm lang

WERKZEUG

- ❯ Schnittbogenpapier
- ❯ Stecknadeln
- ❯ Nähmaschine
- ❯ Nähutensilien
- ❯ Bügeleisen

✂: Das Schnittmuster findest Du auf dem Schnittmusterbogen.

ℹ Achte auf eine Nahtzugabe von 0,5 cm.

LÄTZCHEN

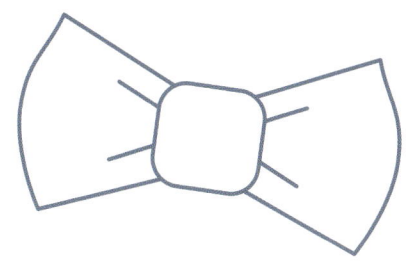

ANLEITUNG

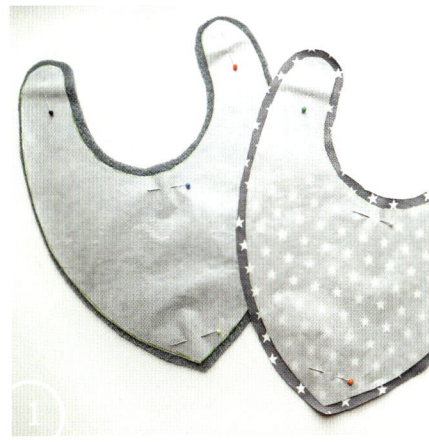

Mit Schnittbogenpapier (alternativ geht auch „Butterbrot-" oder Backpapier) paust Du die Schnittmuster ab. Lege das Schnittmuster für das Vorderteil auf den Jerseystoff und das Muster für das Rückenteil auf den Flausch, befestige es dann mit Stecknadeln. Schneide die Teile dann zzgl. einer Nahtzugabe (~0,5–0,8 cm) aus.

Lege das Vorder- und Rückteil exakt rechts auf rechts (also schöne Seite auf schöne Seite) und fixiere die Außenseiten mit Klammern oder Nadeln. Wenn die Bänder an der Seite des Tuches gewünscht sind, werden sie dann an diesem Schritt in der Mitte gefaltet und an einer Seite angesteckt (die Falte zwischen die Stoffteile stecken, mit dem offenen Ende nach außen!)

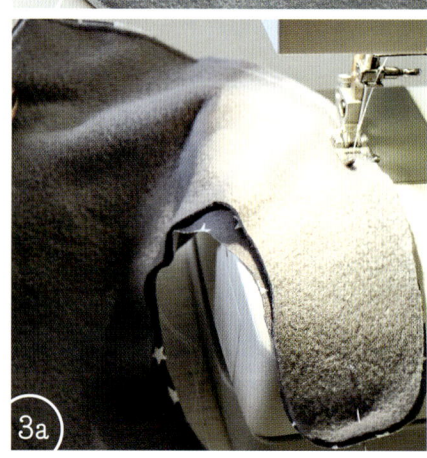

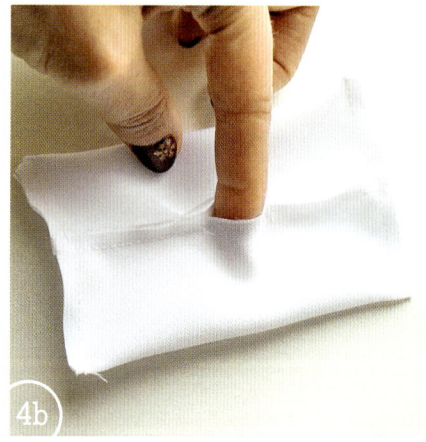

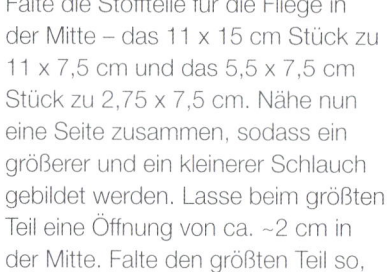

Nähe die beiden Stoffseiten mit einem Geradestich rund um den ganzen Perimeter zusammen (den am wenigsten dehnbaren Stoff – diesmal den Flausch – nach oben auf die Nähmaschine legen).

Falte die Stoffteile für die Fliege in der Mitte – das 11 x 15 cm Stück zu 11 x 7,5 cm und das 5,5 x 7,5 cm Stück zu 2,75 x 7,5 cm. Nähe nun eine Seite zusammen, sodass ein größerer und ein kleinerer Schlauch gebildet werden. Lasse beim größten Teil eine Öffnung von ca. ~2 cm in der Mitte. Falte den größten Teil so,

dass die Naht in der Mitte steht. Nähe die beiden freien Seiten so, dass ein Viereck mit einem Loch in der Mitte entsteht. Wende die beiden Teile und ziehe den kleinen Schlauch mithilfe einer Sicherheitsnadel auf die andere Seite. Bügle nun vorsichtig bei geringer Hitze von der linken Seite.

Lege das kleine Klettverschlussteil (die scharfe Seite mit Haken) ~0,5 cm von dem Ende des kleinen Schlauchs (die rechte und die linke Seite mit der Naht bleiben unten) und nähe ihn mit einem Zickzackstich an. Falte den

Schlauch so, dass der Klettverschluss innen bleibt und nähe mit einem Geradstich die Enden zusammen. Es bildet sich ein Ring. Drehe den Ring um, sodass der Klettverschluss jetzt außen und die Naht innen ist.

Falte das gebügelte größte Stoffteil und ziehe es durch den Ring (die linke Seite der Fliege steht auf der Seite, wo der Klettverschluss ist). Nun festigst Du die beiden Teile mit Nadel und Faden.

Bügle das Halstuch von der rechten Seite bei mittelgroßer Hitze. Lege den kleinen Klettverschlussteil (die weiche Seite) auf das Lätzchen (~3 cm von dem Halsausschnitt) und nähe ihn mit einem Zickzackstich an. Jetzt nimmst Du den großen Klettverschluss und nähst das raue Teil auf der Vorderseite des Halstuches auf die linke Seite des Halsverschlusses an. Danach nähst Du das weiche Teil des Klettverschlusses auf die Rückseite des Halstuches (Flausch), gerade auf das Loch, das bei Schritt 3 eingeschnitten wurde, auf.

Jetzt befestigst Du nur noch die Fliege
auf dem Halstuch. Fertig!

BIZBIZBABY

Wenn schon sabbern, dann wenigstens mit
Stil! – so lautet das Motto von BizBizBaby,
einem Label für Babysachen aus Lettland.
BizBizBaby fertigt Baby-Halstücher und
Accessoires wie Fliegen an. Biz-Biz ist eine
lettische Abkürzung und heißt Marienkäfer.
Marienkäfer sind Glücksbringer, also ein
gutes Logo für ein Geschäft – findet Laura, die Betreiberin. Die ersten
Lätzchen hat sie vor etwa sechs Jahren für ihren jüngsten Sohn genäht.
Die Sachen haben Freunden und Bekannten gefallen und so wurde bald
auch ein Internetshop eröffnet. Jetzt werden die niedlichen Lätzchen
nicht nur in Lettland, sondern über die ganze Welt verkauft. Der
TOP-Seller ist jedoch das Halstuch mit der Fliege! Laura ist auf die Idee
gekommen, als sie ihren Sohn zu einer Veranstaltung elegant kleiden
wollte, aber ohne Sabberlatz ging es nicht,
sonst wäre die Tracht schnell nass. Die Lö-
sung war, das Lätzchen und die Fliege zu
kombinieren! In ihrem Shop bei DaWanda
sind die Halstücher mit Fliege, etwas Einfa-
ches für den Alltag und auch schöne Lätzchen für Mädchen zu finden.

BizBizBaby
https://de.dawanda.com/shop/BizBizBaby

BIZ - BIZ

LATZHOSE

MATERIAL

- Schnittmuster
- Sweat: 150 x 60 cm (Oberstoff)
- Jersey: 50 x 50 cm (Innenstoff)
- Gummiband 1 cm breit: 1 x 7 cm, 2 x 19 cm
- Jersey-Druckknöpfe 10 mm mit Kappe Silber: (4 x oberen Druckknopf, 2 x unteren Druckknopf)

WERKZEUG

- Overlock
- Nähmaschine mit Steppstich
- Bügeleisen
- Stoffschere
- Kreidestift
- Zange für Druckknöpfe
- Eventuell Gewichte zum Beschweren beim Zuschneiden
- Stecknadeln
- Maßband
- Nähgarn

✂: Eine Nahtzugabe von 0,5 cm ist bereits im Schnitt enthalten. An den Beinen ist ein Saum von 2 cm ebenfalls enthalten.

✂: Das Schnittmuster findest Du auf dem Schnittmusterbogen

ANLEITUNG

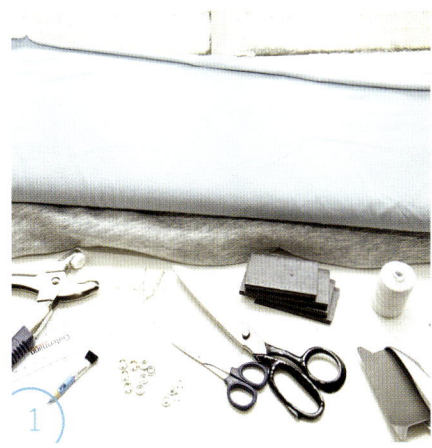

Zuschneiden:
Sweat
2 x Unterteil aus Sweat
1 x oberes Vorderteil aus Sweat
1 x oberes Rückenteil aus Sweat
1 x oberes Vorderteil aus Jersey
1 x oberes Rückenteil aus Jersey

Lege zum Zuschneiden die Schnittteile auf den Stoff. Alle Teile werden im Stoffbruch zugeschnitten. Achte beim Auflegen darauf, dass die Teile im Fadenlauf liegen. Fixiere die Schnittteile mit Gewichten oder Stecknadeln. Zeichne nun mit Kreide um die Schnittteile herum auf den Stoff.

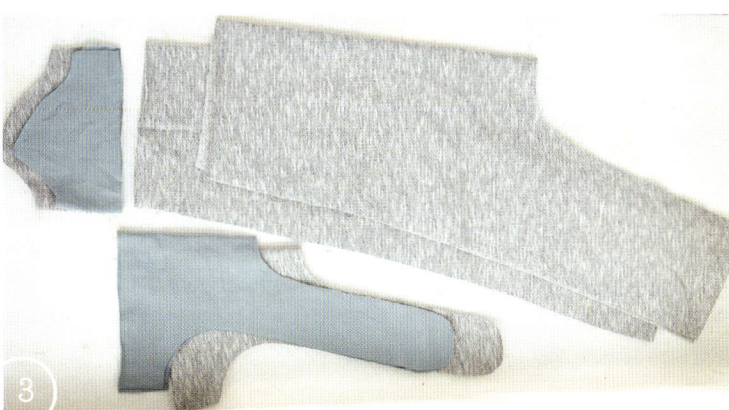

Schneide dann entlang der eingezeichneten Kreidelinien die Schnittteile aus.

Markiere die Mittelpunkte (im Schnitt mit MP gekennzeichnet) mit je einem Knips (d. h. an dieser Stelle wird der Stoff am Rand ein kleines bisschen kurzer als die Nahtzugabe eingeschnitten). Du kannst die Mittelpunkte aber auch mit einem Kreidestrich markieren.

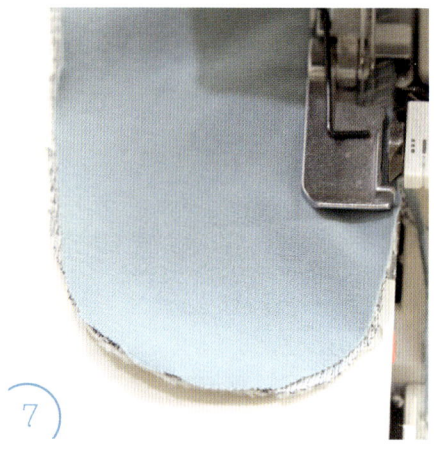

Das obere Vorder- und Rückenteil aus Sweat werden mit den rechten Stoffseiten (rechts auf rechts) aufeinandergelegt, sodass die Seiten der Schnittteile aufeinandertreffen. Die linke Stoffseite ist somit bei beiden Teilen außen. Ebenso verfährst Du mit den Schnittteilen aus Jersey.

Nähe nun die Seiten der aufeinanderliegenden Schnittteile (einmal aus Sweat und einmal aus Jersey) mit der Overlock zusammen (4-Fadennaht, Stichlänge 3). Denke daran, diese dann vor dem Nähen mit der Maschine wieder zu entfernen.

Lege die beiden Oberteile (Sweatoberteil und Jerseyoberteil) rechts auf rechts aufeinander. Achte darauf, dass die Mittelpunkte (Knipse) und Seitennähte jeweils aufeinandertreffen.
Nähe mit der Overlock entlang der oberen Außenkanten die Oberteile zusammen.

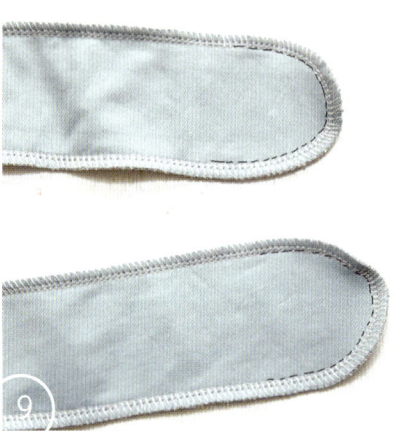

Bis auf die untere Kante vom Oberteil sind Sweat und Jerseyteil nun zusammengenäht.

Nähe nun mit der Steppmaschine an den Trägern und den Spitzen an der Vorderseite des Oberteils eine kurze Steppnaht direkt neben der Overlocknaht.

Dies dient zur Sicherung, damit der Stoff nicht ausfranst, da an dieser Stelle die Nahtzugaben zurückgeschnitten werden.

Schneide die Nahtzugaben bis kurz vor die Naht zurück.

Das Oberteil wird nun gewendet. Du kannst zum Ausformen der Rundungen und Spitzen z. B. einen Kochlöffelstiel oder eine Pinzette zur Hilfe nehmen.

Bügle nun die Ränder des Oberteils, an denen Sweat und Jersey zusammenstoßen, damit diese schön glatt aufeinanderliegen.

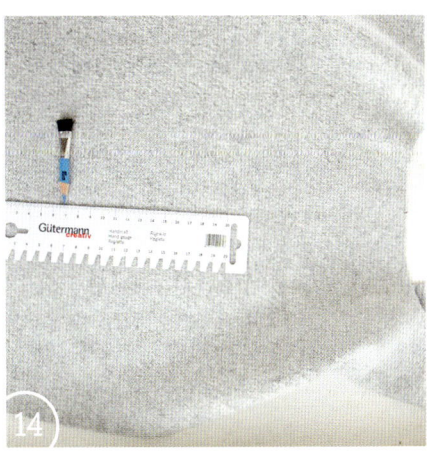

Zeichne am hinteren Unterteil die Position vom Gummiband auf der linken Seite des Stoffes mit Kreide ein.

Nähe das 7 cm lange Stück Gummiband mit einer Steppnaht auf die linke Seite des hinteren Unterteils.

Ziehe dabei das Gummiband auf eine Länge von 10 cm, damit sich der Stoff kräuselt.

17

Lege die beiden Unterteile rechts auf rechts aufeinander, sodass die Mittelpunkte an der Oberkante und im Schritt aufeinandertreffen.

18

Nähe die Unterteile an den Seiten und im Schritt mit der Overlock zusammen.

19

Nun wird das Oberteil rechts auf rechts in das Unterteil gesteckt (rechte Seiten vom Sweat treffen innen aufeinander).

20

Achte darauf, dass die Seitennähte und Mittelpunkte der Kanten (vom Oberteil Sweat, vom Oberteil Jersey und vom Unterteil) aufeinandertreffen.

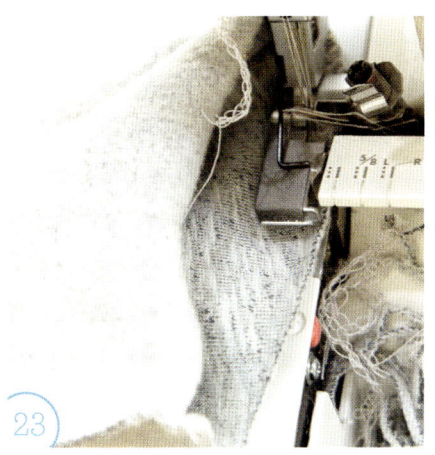

Es liegen somit die Außenseiten (rechte Seiten vom Sweat) von Ober- und Unterteil aufeinander. Überprüfe nun noch, ob Rückenteil auf Rückenteil und Vorderteil auf Vorderteil liegen.

Nähe mit der Overlock Ober- und Unterteil zusammen.

Versäubere die Beinenden mit einer Overlocknaht.

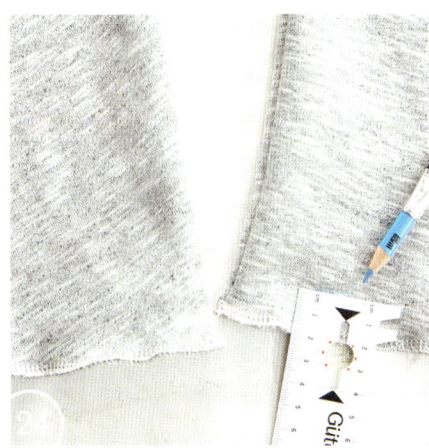

Zeichne den 2 cm breiten Umbruch auf der rechten Seite des Sweats an den Beinenden mit Kreide ein.

Bügle entlang der eingezeichneten Linie den Stoff nach innen um.

Nähe, am Innenbein beginnend, den Umschlag mit einer Steppnaht fest. Lasse dabei ein etwa 1–1,5 cm langes Stück in der Naht offen, um das Gummiband später einziehen zu können.

Befestige eine Sicherheitsnadel an dem Ende eines 19 cm langen Gummibandes und ziehe mithilfe dieser das Gummiband in den Gummizugtunnel ein.

Dabei fängt der Saum an, sich zu kräuseln. Achte darauf, dass sich das Gummiband während des Durchziehens nicht verdreht.

Nähe das Gummiband 1,5 cm überlappend mit mehreren Steppnähten zusammen.

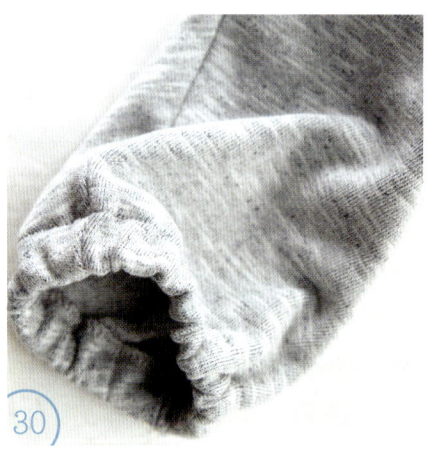

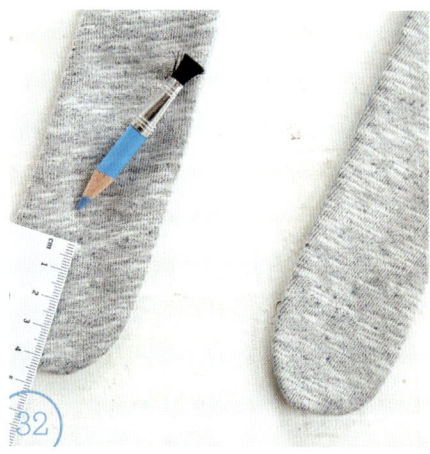

Dasselbe machst Du beim zweiten Bein. Schließe anschließend die offen gelassenen Nähte an den Beinenden, ohne das Gummiband mitzufassen.

Es fehlen nun noch die Druckknöpfe. An den Trägern werden insgesamt vier Druckknopfoberteile mit Kappe, an den vorderen Latz werden insgesamt zwei Druckknopfunterteile befestigt.

Markiere mit Kreide an den Trägern die Position der Druckknöpfe.

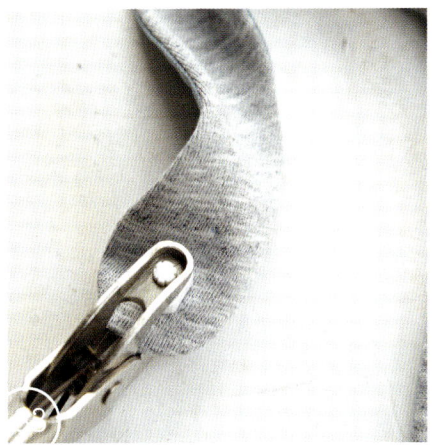

Befestige mit der Zange an jedem Träger zwei obere Druckknöpfe.

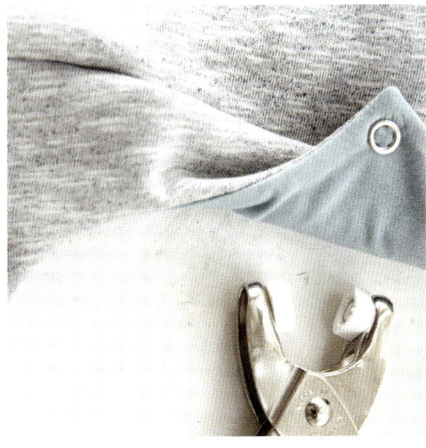

Markiere die Position der Druckknopfunterteile an der Vorderseite des Oberteils und befestige anschließend die Druckknopfunterteile mit der Zange.

Achte darauf, die glatten Kappen der Druckknöpfe auf der Sweatseite der Träger anzubringen.

SCHICK UND FUNKTIONAL

Seit ich jung war, habe ich mich mit der Fertigung von Bekleidung und der Entwicklung von Schnitten beschäftigt. Nach einem abgebrochenen Bekleidungstechnikstudium habe ich das Nähen lange neben meiner Arbeit als Mathematikerin ausgeübt.

Nach der Geburt meines ersten Kindes habe ich angefangen, Kinderbekleidung zu fertigen, und 2015 das Label plommon gegründet. Seither findet ihr in meinem Shop mit viel Bedacht entwickelte und hergestellte schicke und funktionale Kleidung für die Kleinen aus hochwertigen Stoffen.

Bei der Schnittentwicklung ist es mir vor allem wichtig, dass die Kleidungsstücke bequem zu tragen sind und einen großen Bewegungsfreiraum zulassen. Außerdem gestalte ich die Schnitte so, dass die Kleidungsstücke eine Weile mitwachsen können und dadurch lange passen.

MATERIAL

- ◗ Baumwollstoff für die Rückseite,
  50 x 60 cm
- ◗ Bei gestückelter Vorderseite Baum-
  wollwollstoff in den Größen 24 x 9 cm,
  50 x 37 cm und 50 x 17 cm
- ◗ Stoffreste für den Muffin: Oberteil
  28 x 10 cm, Unterteil 28 x 12 cm und
  Schleife 25 x 10 cm.
- ◗ Spitzenband/Zierband: 50 cm lang
- ◗ 1 bis 3 Druckknopf-Sets
- ◗ Ggf. Textilkleber für die Schleife
- ◗ Nähgarn in passender Farbe

WERKZEUG

- ◗ Stecknadeln/Klammern
- ◗ Stoffschere
- ◗ Schneiderkreide/Trickmarker
- ◗ Nähmaschine mit Steppstich/
  Geradstich
- ◗ Bügeleisen
- ◗ Wendestäbchen

✂ Alle Nahtzugaben sind bereits enthalten.

✂ Das Schnittmuster findest Du auf dem Schnittmusterbogen.

SCHÜRZE

ANLEITUNG

Stoff zuschneiden: Die Schürzenvorderseite kann aus drei Teilen zusammengesetzt werden. Alle Teile zugeschnitten? Nähgarn in passender Farbe, Label, Druckknöpfe und Spitzenband liegen bereit? Dann kann es losgehen.

Lege das obere Stoffteil der Schürzen-vorderseite rechts auf rechts auf das mittlere Teil. Stecke es Kante an Kante fest oder fixiere es mit Klammern. Dann nähst Du es mit 1 cm Zugabe zusammen.

Stecke ebenso das untere Stoffteil am mittleren Teil fest und nähe es fest.

Bügle die Faltkanten glatt auseinander.

Vorderseite verschönern: Und schon ist die Vorderseite fertig. Verzierungen können an dieser Stelle oder wenn die Schürze komplett fertig ist ange-bracht werden. Plotterdateien, Stickdateien oder Applikationen kannst Du verwen-den, wie es Dir gefällt. Meine Muffin-Applikation nähe ich erst zum Ende auf die Schürze. In doppelter Stofflage spare ich mir extra Stickvlies beim Applizieren.

Band nähen – Variante „schnell": Klappe die Außenkanten um 5–7 mm nach innen und bügle sie glatt.

Danach faltest Du ein Endstück nach innen.

Falte das komplette Band der Länge nach.

Nähe es knappkantig zu – fertig!

Band nähen – Variante „ordentlich":
Falte das Band der Länge nach rechts auf rechts und nähe es knappkantig zusammen.

Wende den langen dünnen Schlauch mit einem Wendestäbchen.

Bei der „schnellen" Variante sieht man die Naht, bei der „ordentlichen" Variante vorschwindet dic Naht nach dcm Wenden.

Bänder einnähen: Stecke das Band oben an einer Seite nach innen gedreht fest. Mit wenigen Stichen nähst Du es innerhalb der Nahtzugabe fest. So kann es gleich beim Zusammennähen nicht verrutschen.

Wiederhole diesen Schritt auch bei den unteren Bändern.

Lege die Schürzen-Rückseite rechts auf rechts darauf und stecke sie fest.

Rückseite und Vorderseite verbinden: Nähe die Schürze einmal außenrum zusammen. Wichtig: Achte vor allem bei den Bändern darauf, dass sie möglichst nahe an der jeweiligen Kante eingenäht, aber nicht festgenäht werden! Die untere Kante bleibt die Wendeöffnung.

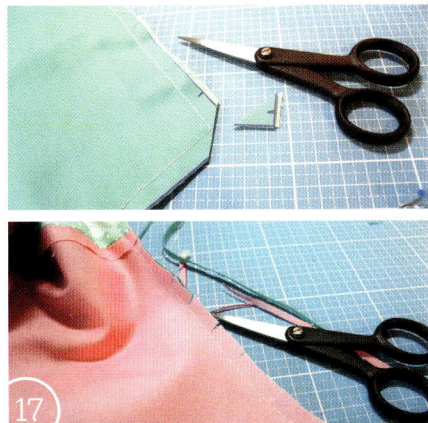

Schneide die Ecken schräg ab. Schneide an der Kurve „unter den Armen" mit einer spitzen Schere mehrmals bis knapp zur Naht ein und schneide die Nahtzugabe bis auf 3 mm zurück.

Wende die Schürze und arbeite die Ecken ordentlich mit einem Wendestäbchen heraus.

Spitzenband einnähen: Falte die Nahtzugabe an der unteren Schürzenkante nach innen und stecke sie fest.

ⓘ Um die Schürze für Kinder in jedem Alter passgenau zu nähen, einfach hier den ein oder anderen zusätzlichen Knopf am Band anbringen. Hinweis: Das Band kann natürlich auch komplett mit eingenäht werden. Jedoch ist es dann in der Größe nicht mehr flexibel.

Wenn du magst, kannst Du hier ein Spitzenband mit einlegen und ebenfalls feststecken. Ich finde, das sieht für Mädchen besonders süß aus.

Steppe die Schürze einmal außenherum ab. Nähe dabei das Spitzenband mit ein und schließe die Wendeöffnung.

Bringe oben an der Schürze die passenden Druckknöpfe an.

Muffin Oberteil: Lege die beiden Stoffteile für das Muffin-Oberteil rechts auf rechts zusammen und stecke es mit Nadeln fest.

Nähe es rundherum zusammen und lasse die Wendeöffnung offen.

Schneide die Nahtzugabe bis auf 3 mm zurück und schneide die Wölbung bis knapp zur Naht ein.

Wende das Oberteil sorgfältig mit einem Wendestäbchen. Bügle dann die Nahtzugabe an der Wendeöffnung nach innen. Tipp: Wenn die Wölbung nicht perfekt gelingt, kein Problem, dort sitzt später die Schleife.

Muffin Unterteil: Lege ebenso die beiden Stoffteile für das Muffin-Unterteil rechts auf rechts zusammen und stecke es mit Nadeln fest.

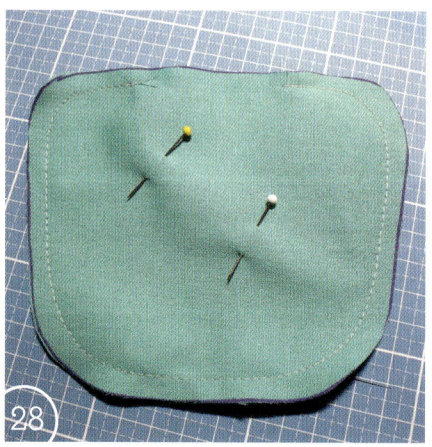

Nähe es rundherum zusammen und lasse die Wendeöffnung offen.

Tipp: Zur Verzierung mehrere Linien als „Muffin-förmchen" aufnähen.

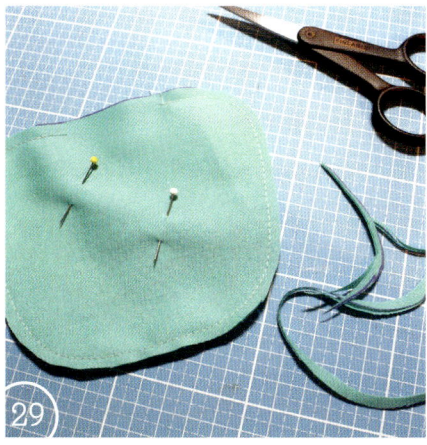

Schneide die Nahtzugabe bis auf 3 mm zurück.

Wende es sorgfältig mit einem Wen-destäbchen. Dann bügelst Du die Naht-zugabe an der Wendeöffnung nach in-nen.

Schleife nähen: Schneide beide Recht-ecke aus Baumwollstoff zu.

Falte das größte Stück der Länge nach und nähe es an dieser langen Kante zu-sammen.

Wende den Schlauch.

Schiebe die Nahtkante auf die Mitte der Rückseite und klappe die kurzen Seiten mit 5 mm Überlappung nach innen.

Fädle an dieser Überlappung mit Nadel und Faden die typische Schleifenform auf.

Knote den Faden auf der anderen Seite zu. Ziehe dabei die Schleife zusammen.

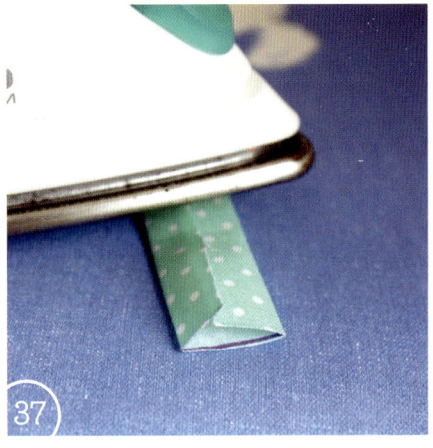

Falte das kleinere Stück Stoff ebenfalls an den langen Kanten nach innen und bügle es glatt.

Bestreiche die Mitte der Schleife und das kleine Band mit Textilkleber.

Wickle das Band um die Schleifenmitte, drücke es fest und lasse es trocknen.

Spitzenband einnähen: Wenn Du es nicht schon vorher gemacht hast, steckst Du nun das Muffin Ober- und Unterteil an einer passenden Stelle auf der Schürze fest. Als Positionierungshilfe dient das Schnittmuster.

41

Nähe es rundherum knappkantig fest.

shesmile
DO IT YOURSELF

Und fertig

42

Klebe die Schleife mit Textilkleber auf oder nähe sie mit Nadel und Faden fest. Und fertig ist die Schürze!

EINFACH. KREATIV.

Nähen & Basteln mit shesmile.

Das bin ich, Elisabeth Steger, Mediengestalterin und Siebdruckerin. Ich lebe mit meinen zwei Töchtern und meinem Mann in Siebeneichen, einem wunderschönen Dorf in Bayern (Oberpfalz).

Seit meiner ersten Elternzeit 2013 entstehen unter meinem Label shesmile immer neue Ideen zum Selbermachen. Meine leicht verständlichen Schritt-für-Schritt-Anleitungen mit vielen Fotos zu jedem Arbeitsschritt liegen in meinen Shops zum Sofort-Download bereit und sind für Anfänger geeignet.

Ich lade Dich ein, bei mir vorbeizuschauen! Unter www.doityourself.shesmile.de findest Du meine Näh- und Bastelanleitungen, die dazu passenden Schnittmuster und Druckvorlagen, Plotterdateien, Stickdateien, Illustrationen, Layout und Design. Außerdem Interviews und Blogbeiträge zur Inspiration.

Kreativ zu sein bedeutet für mich alles. shesmile wurde bereits 2007 gegründet. Angefangen mit Layout & Design im Print- und Nonprint-Bereich, kamen nach einiger Zeit der DIY-Bereich und fröhlich bunte Illustrationen dazu.

shesmile
https://de.dawanda.com/shop/shesmile
doityourself.shesmile.de
@shesmile_doityourself

MITWACHSHOSE &
MITWACHSHALSTUCH
IM SET

ANLEITUNG

Übertrage das Schnittmuster in der gewünschten Größe auf das Transparentpapier und schneide es aus. Nun überträgst Du den Schnitt mithilfe der Schneiderkreide, wie im Schaubild gezeigt, auf den Stoff. Hierbei nicht die Markierungen vergessen! Schneide die Teile aus.

MATERIAL

- Bündchen Schlauchware, 35 cm (bei Schlauchbreite von mindestens 40 cm)
- Hosenstoff, z. B. Cord oder Jeans, 70 cm (bei Stoffbreite von 150 cm)
- Stoffstück für die Knieflicken, 20 x 12 cm
- Stoffstück für die Rückseite des Tuches 40 x 25 cm
- Vlieseline H410, 20 x 12 cm
- Vliesofix, 20 x 12 cm
- Farbig passendes Garn
- 2 Jersey-Druckknöpfe, z. B. 10 mm

WERKZEUG

- Transparentpapier
- Bleistift
- Papierschere
- Stoffschere
- Schneiderkreide
- Nähmaschine
- Overlock-Nähmaschine oder Zickzack-Schere
- Stecknadel
- Bügeleisen

✂: Alle Nahtzugaben sind bereits enthalten.

✂: Das Schnittmuster findest Du auf dem Schnittmusterbogen.

2

Bügle zuerst die Vlieseline auf das Stoffstück für die Knieflicken auf und anschließend das Vliesofix.

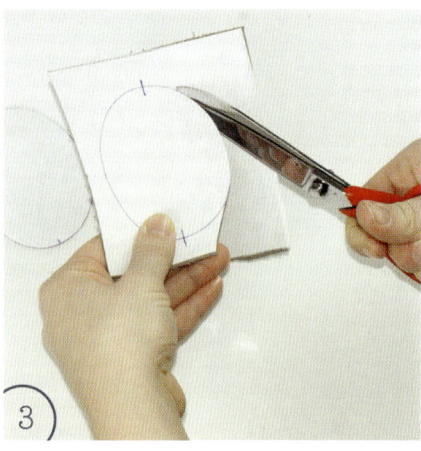

3

Übertrage das Schnittteil für die Knieflicken zweimal auf den fixierten Stoff und schneide die Knieflicken aus, ziehe die Folie ab und übertrage die Markierungen.

4

Bügle die Knieflicken laut den Markierungen auf die zwei vorderen Hosenteile auf.

5

Nun steppst Du die Knieflicken mit einem schmalen Zickzackstich fest.

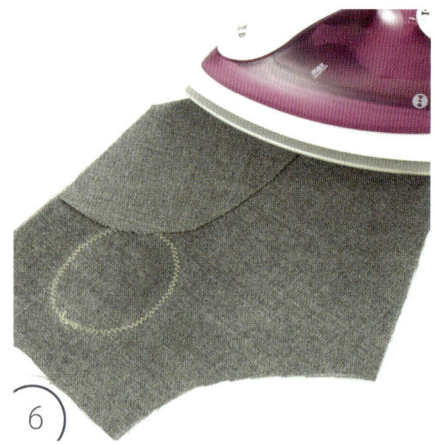

6

Taschen nähen: Bügle den angeschnittenen Taschenbeutel nach innen.

7

Lege den Tascheneingriff rechts auf rechts auf die Bügelkante und stecke ihn fest. Dann nähst du ihn mit einer Nahtzugabe (NZG) von 1 cm fest.

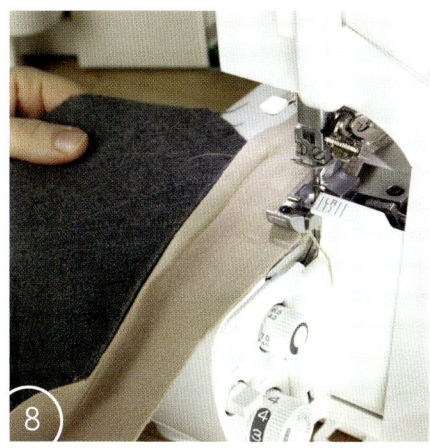

8

Versäubere die Schnittkante des Tascheneingriffstreifens mit der Overlock.

9

Bügle den Tascheneingriffstreifen ebenfalls auf die Innenseite und stecke ihn fest.

10

Steppe auf der Vorderseite den Tascheneingriff in der Naht ab.

13

Lege das Taschenschnittteil auf den Taschenbeutel auf und stecke es fest.

12

Nähe die Taschenteile mit einer Nahtzugabe von 1 cm zusammen.

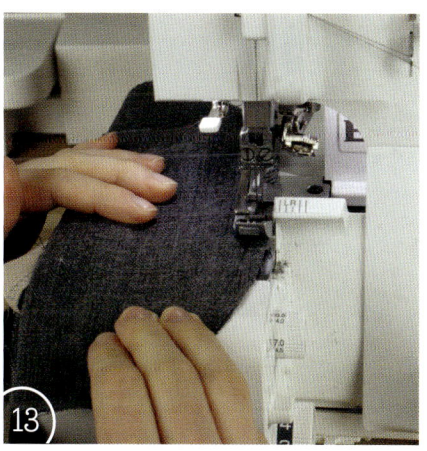

13

Versäubere nun die Nahtkante.

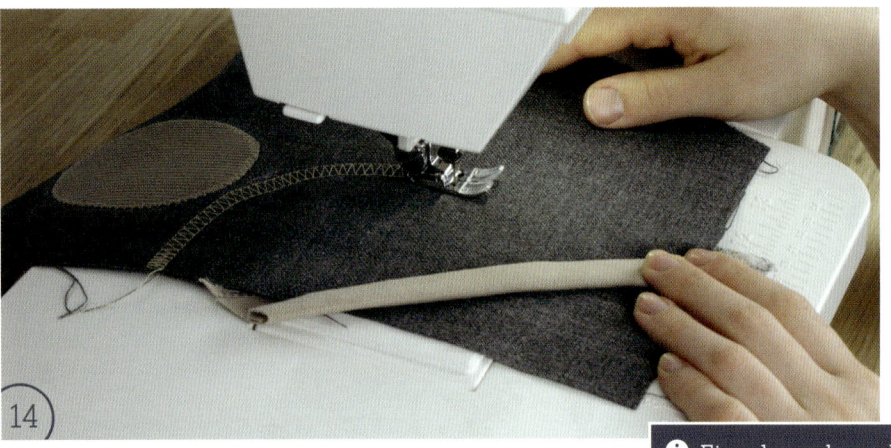

Steppe den Taschenbeutel auf der Vorderseite der Hose mit einem Overlockstich (Zierstich) ab. Wiederhole Schritt 6 bis 14 für die zweite Tasche.

> ℹ Einen besonders schönen Look bekommst Du, wenn Du die Ziernaht mit einem andersfarbigen Garn steppst.

Hose zusammenfügen: Lege das Vorderteil und das Hinterteil rechts auf rechts aufeinander und stecke es fest.

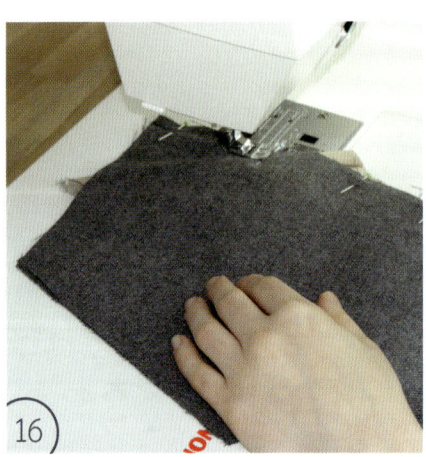

Nähe die Teile mit einer Nahtzugabe von 1 cm zusammen.

Bügle die Naht auseinander und versäubere sie anschließend mit der Overlock. Wiederhole Schritt 15 und 17 für das zweite Hosenbein.

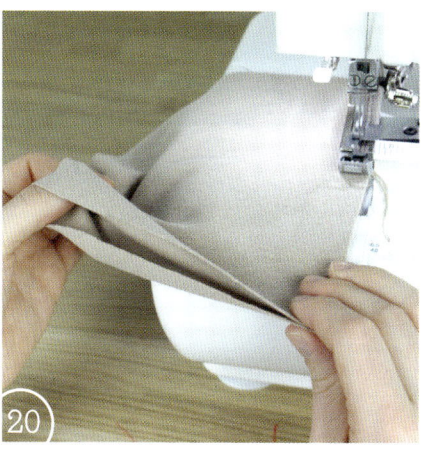

Lege die beiden fertigen Teile rechts auf rechts aufeinander und stecke sie fest. Die Teile, links und rechts, nähst du mit einer Nahtzugabe von 1 cm zusammen. Bügle die Nähte auseinander und versäubere sie anschließend mit der Overlock. Schließe die Hosenbeine.

Dafür legst du die Hosenbeine rechts auf rechts aufeinander, steckst sie fest und nähst sie mit einer NZG von 1cm zusammen. Bügle die Naht, versäubere sie mit der Overlock und wende sie.

Bauchbündchen annähen: Schließe das Bauchbündchen parallel zum Bruch mit der Overlock.

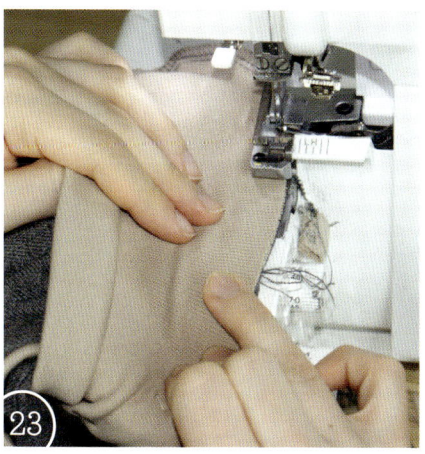

Nun schlage das Bauchbündchen der Länge nach um.

Bauchbündchen ansetzen: Hierfür steckst Du die Bündchennaht genau auf die hintere Mitte der Hose. Dann steckst Du das Bündchen gleichmäßig verteilt an der Hose fest.

Schließe die Naht mit der Overlock-Maschine.

Schließe die Naht mit der Overlock. Wiederhole Schritt 24 bis 30 für das zweite Beinbündchen.

Schlage das Beinbündchen so um, dass es doppelt liegt.

Stecke nun die Naht des Beinbündchens genau auf die innere Beinnaht der Hose. Dann steckst Du das Bündchen gleichmäßig verteilt fest.

Beinbündchen annähen: Jetzt schließt Du das Beinbündchen an der langen Seite mit der Overlock.

Halstuch nähen: Stecke beide Teile rechts auf rechts zusammen. Lasse dabei den Teil zwischen den Markierungen als Wendeöffnung offen.

Nähe die Teile mit einem Zickzackstich zusammen.

30 Wende nun das Halstuch und bügle die Kanten sehr sorgfältig. Stecke die Wendeöffnung mit Stecknadeln zu.

31 Steppe das Halstuch knappkantig ab. Stelle dafür einen großen Stichabstand ein.

32 Bringe schließlich die Druckknöpfe an den Markierungen nach Anleitung an.

33 Jetzt ist das Produkt fertig!

FÜR KLEINE WELT-ENTDECKER

Nonino, ein Hannoveraner Label, entwirft und fertigt in liebevoller Handarbeit und mit ganz viel Herz funktionelle, aber schicke Alltagsbegleiter für kleine Weltentdecker. Hinter dem Label steckt die gelernte Assistentin für Mode und Design Maria Nickel.

Ich habe das Label 2015, nach der Geburt unseres Sohnes, gegründet. Schon in der Schwangerschaft habe ich, voller Vorfreude auf unseren kleinen Wurm, Kinderkleidung genäht und gestrickt. Ich hatte immer den Wunsch nach individueller, aber funktioneller Kinderbekleidung, also gründete ich das Label und begann meine Sachen auf DaWanda zu verkaufen. Am Label wirkt außerdem noch mein Mann mit und hin und wieder steht unser Sohn für Produktfotos Modell.

Der Name NoniNo kommt auch nicht von irgendwo. Unser Sohn heißt Noah und er bekam den Spitznamen Noni, also war auch schnell der Name des Labels NoniNo gefunden.

Seit 2016 gibt es auch eine NoniNo Biokollektion, mit schlichten ökologischen Produkten, aus zertifizierten Biostoffen.

NoniNo
https://de.dawanda.com/shop/nonino-hannover

WIMPELKETTE

MATERIAL

- Verschiedenfarbige und gemusterte Baumwollstoffe
- „Zauberstift"
- Festes Schrägband
- Eine Schablone aus Pappe (die Schablone muss, wie bereits erwähnt, nicht unbedingt ein Dreieck sein, auch ein Rechteck oder Halbkreis sind natürlich möglich, ganz wie Du magst)

WERKZEUG

- Nähmaschine
- Stecknadeln
- Schere oder Rollschneider
- Bügeleisen

> ⓘ Überlege Dir, bevor Du anfängst, wie groß und lang Deine Wimpelkette sein soll.

ANLEITUNG

Lege als erstes den Baumwollstoff mit der jeweils schönen Seite (rechts auf rechts) aufeinander.

Lege nun Deine Schablone auf den Stoff und umfahre diese mit dem „Zauberstift". Achte dabei gegebenenfalls auf die Richtung des Musters. Stecke nun die beiden Stofflagen der Dreiecke jeweils mit ein paar Nadeln fest.

Beim Nähen musst Du nun darauf achten, dass die obere Seite des Dreiecks offen bleibt. Denn dies ist die Öffnung zum Wenden und auch die Seite, an die später das Schrägband dran kommt. Nähe nun direkt auf der gezeichneten Linie.

An der Spitze lässt du die Nadel stecken, hebst den Nähfuß an und drehst das Stück Stoff so weit, bis Du auf der anderen Linie bist, und nähst dann weiter.

Nun werden die Dreiecke ausgeschnitten.

An der unteren Spitze schneidest Du knappkantig den Stoff zurück.
Wende Deine Dreiecke und bügle sie schön glatt.

Nun zum Schrägband: Schneide es Dir in der gewünschten Länge zu und beachte, dass Du jeweils an den Enden etwas mehr brauchst, um es gegebenenfalls irgendwo festbinden zu können. Falte das Schrägband und bügle die Falz.

So sollten die gebügelten Wimpel und das Schrägband aussehen.

Lege nun die Wimpel in die Falz und stecke sie mit einer Nadel fest.

BAUSTELLE VS. NÄHMASCHINE

Genäht habe ich schon seit längerem, immer mal einen Vorhang oder Kissenbezug fürs eigene Zuhause oder Freunde, aber dass ich dickbäuchig und voller Ideen und Tatendrang 2011 mein eigenes Label gründen würde, hätte ich wohl nicht gedacht. Mit der Schwangerschaft und der Geburt meiner Tochter Frieda war somit nicht nur der Labelname „friedafroehlich" sondern auch meine derzeitige Berufung gefunden. Studiert habe ich Architektur, aber das Entwerfen auf Papier oder am Rechner war irgendwie nicht meins. Ich mag das Handwerk. Wahrscheinlich wäre ich damals auf der Baustelle besser aufgehoben gewesen. Heute sind Nähmaschinen und Rollmesser meine Werkzeuge und ich finanziere mir nun meinen Lebensunterhalt mit dem Entwerfen und Anfertigen von Babyzimmererstausstattung bis hin zur Kinderbekleidung. Zum Sortiment gehören unter anderem: Wickelauflagen, Bettumrandungen, Krabbeldecken, Wickelutensilien, Baby- und Kinderbekleidung und eben Sitzsäcke und Wimpelketten.

10

Nähe nun ein klein bisschen versetzt zur offenen Schrägbandkante. Dafür kannst Du die Nadelposition auch verstellen.

frieda-froehlich
https://de.dawanda.com/shop/frieda-froehlich
/friedafroehlich.de
@frieda_froehlich

EISTÜTE

MATERIAL

- ❯ Stoffreste (2 x ca. 25 x 15 cm, für Eiskugel und Waffel)
- ❯ Nähgarn
- ❯ Reißverschluss und Zipper (15 cm sollten reichen, je nach Breite der Eistasche)
- ❯ 3–4 mm Kordel, ca. 80 cm lang

WERKZEUG

- ❯ Schere
- ❯ Maßband oder Lineal
- ❯ Stecknadeln
- ❯ Becher oder Zirkel etc.
- ❯ Papier/Stift

✂ Alle Nahtzugaben sind bereits enthalten.

ANLEITUNG

1

Schnittmuster erstellen. Nimm ein Blatt Papier und einen Stift zur Hand, such Dir etwas Rundes, z. B. einen Zirkel. Wer keinen hat, kann sich auch etwas aus der Küche suchen, z. B. einen Becher, Tasse oder gar einen kleinen Blumentopf. Ich habe einen Becher gewählt mit einem Durchmesser von ca. 8 cm.
Du nimmst Dir den Gegenstand und legst ihn (am besten mehr nach links oder rechts) auf das Blatt Papier und zeichnest einmal rundherum.

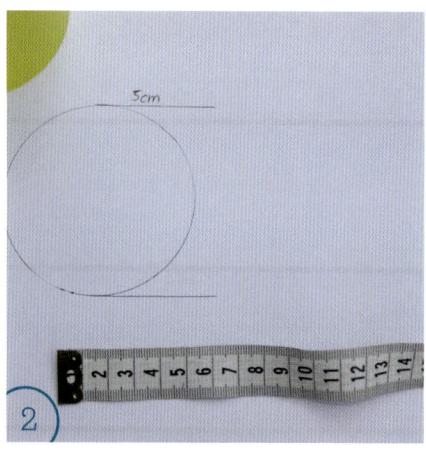

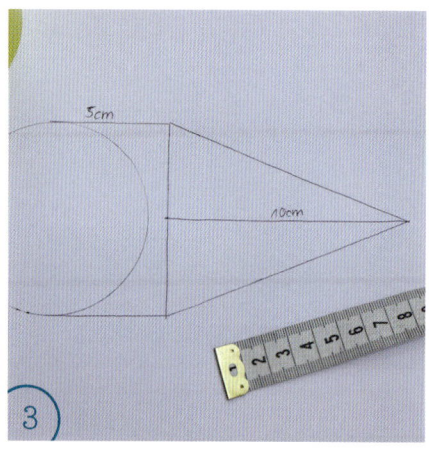

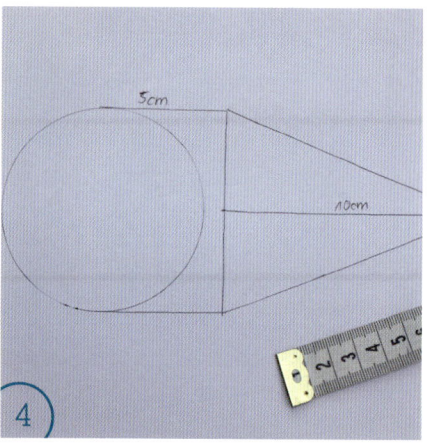

Danach suchst Du Dir mit einem Lineal oder Maßband die Mitte und erweiterst den Kreis an den Seiten. Ich habe hier ca. 5 cm genommen.

Dann verbindest Du die beiden Enden suchst wieder die Mitte und kennzeichnest sie, um dann eine lange Mittellinie zu ziehen (meine ist ca. 10 cm). Nun kannst Du auch hier die beiden Außenlinien mit dem seitlichen Teil der Eiskugel verbinden.

Jetzt müsste es nach einem Eis aussehen. Wenn ja, schneide jetzt die beiden Teile aus. Und fertig ist das Schnittmuster!

Die Eistüte nähen: Bevor Du anfängst zu nähen, suchst Du dir zwei Stücke Stoff für die Eiskugel und die Waffel. Am besten eignen sich hierfür auch kleine Stoffreste! 100 % Baumwolle sollte es sein, aber auch hier kann man mit verschiedenen Baumwollarten experimentieren. Gut eignen sich feste, dickere Stoffe.
Zuerst legst Du Deine Anleitung auf die Stoffe und schneidest sie zu. Du brauchst je zwei Stück. Ich schneide immer mit einer Nahtzugabe von ca. 1–1,5 cm zu, aber das ist wiederum abhängig davon, wie groß sie später sein soll.

Jetzt wird der Reißverschluss angenäht, dazu nimmst Du eine Waffelhälfte und legst den Reißverschluss auf links auf die Waffel, nähst es an, klappst es um und steppst es ab. Das machst Du auch mit einer Eiskugelseite.

Als nächstes nähst Du die anderen beiden Hälften (Eiskugel und Waffel) zusammen und versäuberst sie, damit es später nicht ausfranst bzw. die Fransen sich nicht in dem Reißverschluss verfangen. Ich habe hierzu eine Overlock benutzt, das ist aber kein Muss.

Klappe es wieder um und steppe es ab.

Nun ziehst Du den Zipper auf den Reißverschluss. Zuerst legst Du beide Teile parallel aneinander und schneidest an der Waffel den Reißverschluss bis dahin ein, wo der Waffel-Stoff anfängt.

Jetzt ziehst Du den Zipper auf die Seite der Eiswaffel, bis dahin, wo Du bei der Waffel abgeschnitten hast (Achtung: Beide Teile liegen parallel zueinander!). Danach schiebst Du den Waffelstoff auf den Zipper, hältst beide Enden des Reißverschlusses fest und ziehst den Zipper drauf. Passe dabei auf, dass Du ihn an der anderen Seite nicht wieder runterziehst!

Wenn Du möchtest, kannst Du über die offene Reißverschlussseite noch einmal drübernähen, damit nichts verrutscht (auf jeden Fall sinnvoll).

Im nächsten Schritt legst Du beide Eistütenseiten rechts auf rechts, steckst die Kordel und die Eistüte mit ein paar Stecknadeln fest und nähst einmal herum. Auch hier kannst Du am Ende nochmals zur Verstärkung über den Reißverschluss nähen.

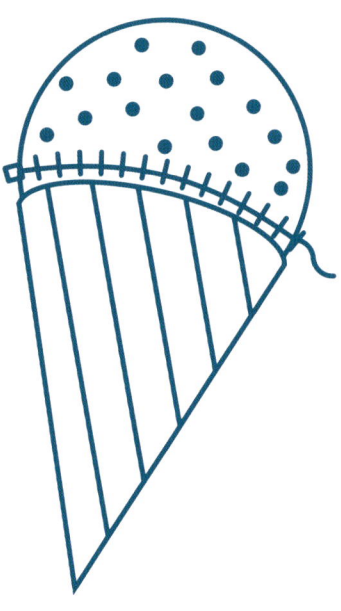

Bitte wenden! Die Schere ist bestens geeignet, um die Waffel in Position zu bringen.

Fertig ist die Eiswaffel!

MEHR ALS EIS

Ich bin Steffi, 31 Jahre jung, und habe das Handmade-Label Fiebmatz gegründet. Angefangen habe ich aus Spaß zu nähen, dies entwickelte sich aber ganz schnell zu einem Hobby und schließlich entschloss ich mich, andere Babys und Kinder mit meiner außergewöhnlichen kreativen Designer-Mode glücklich zu machen! Mir ist wichtig, dass sowohl die Qualität der Stoffe als auch die Verarbeitung stimmen, denn wenn die Muttis glücklich sind, bin ich es auch! So verarbeite ich zum größten Teil Ökotex-Stoffe, die man auch in meinem Laden erwerben kann! Apropos Laden: Da mir das Online-Geschäft so viel Spaß bereitet hat, habe ich mir einen Traum erfüllt und Anfang September 2015 mein eigenes Handmade-Geschäft „Fiebmatz – der Laden" mit tollen Designern eröffnet und freue mich, dass so viele Leute vorbeischauen und stöbern kommen!

Es ist zu 100 % ein reiner Handmade-Laden, wo es viele schöne Dinge gibt, die kreativ und bunt sind! Ihr könnt euch an tollen Designer-Geschenken erfreuen sowie auch weiterhin schöne Kindermode auf Maß anfertigen lassen! Wenn ihr ein Geschenk sucht, habe ich vieles für euch parat, ob zu Taufe, Geburt, Geburtstag, Ostern, Nikolaus oder Weihnachten. Lasst euch verzaubern von meinem Sortiment und macht euer Geschenk mit einer kleinen Süßigkeit und einer Grußkarte komplett!

Für alle Selbermacher gibt es viele tolle Stoffe und Kurzwaren zu kaufen. Und alle kreativen DIYer, die gerne nähen, basteln, kleben, fädeln, filzen und alles Mögliche an Handarbeit machen, sind herzlich willkommen und können ihre Handmade Produkte in einem Mietregal bei mir verkaufen!

🛍 Fiebmatz
🛒 https://de.dawanda.com/shop/fiebmatz
👩 www.fiebmatz.com
📷 @fiebmatz

MATERIAL

- Plüsch, Fleece- oder Baumwollstoff für den Körper, die Arme und Beine, 25 x 30 cm
- Dünner Baumwollstoff für die Rückseite, 13 x 30 cm
- Weißer Stoff für den Verband, 7,5 x 13 cm
- Stoff zum Applizieren in Schwarz und Weiß für die Augen und den Mund
- Nähgarn in passender Farbe für Augen, Mund und Bezug
- Ggf. etwas Füllwatte für Hände und Beine
- Ein Kühl- oder Wärmekissen (z. B. 10,5 x 16 cm)
- Zum Applizieren (Augen, Mund und den Kopfverband) ggf. Vliesofix, Bügelvlies (z. B. H640) oder Stickvlies und Avalon Folie

WERKZEUG

- Stecknadeln/Klammern
- Stoffschere
- Schneiderkreide/Trickmarker
- Bügeleisen
- Nähmaschine mit Steppstich/Geradstich und ggf. Zickzackstich (Applizierstich)

✄ Alle Nahtzugaben sind bereits enthalten.

✄ Das Schnittmuster findest Du auf dem Schnittmusterbogen.

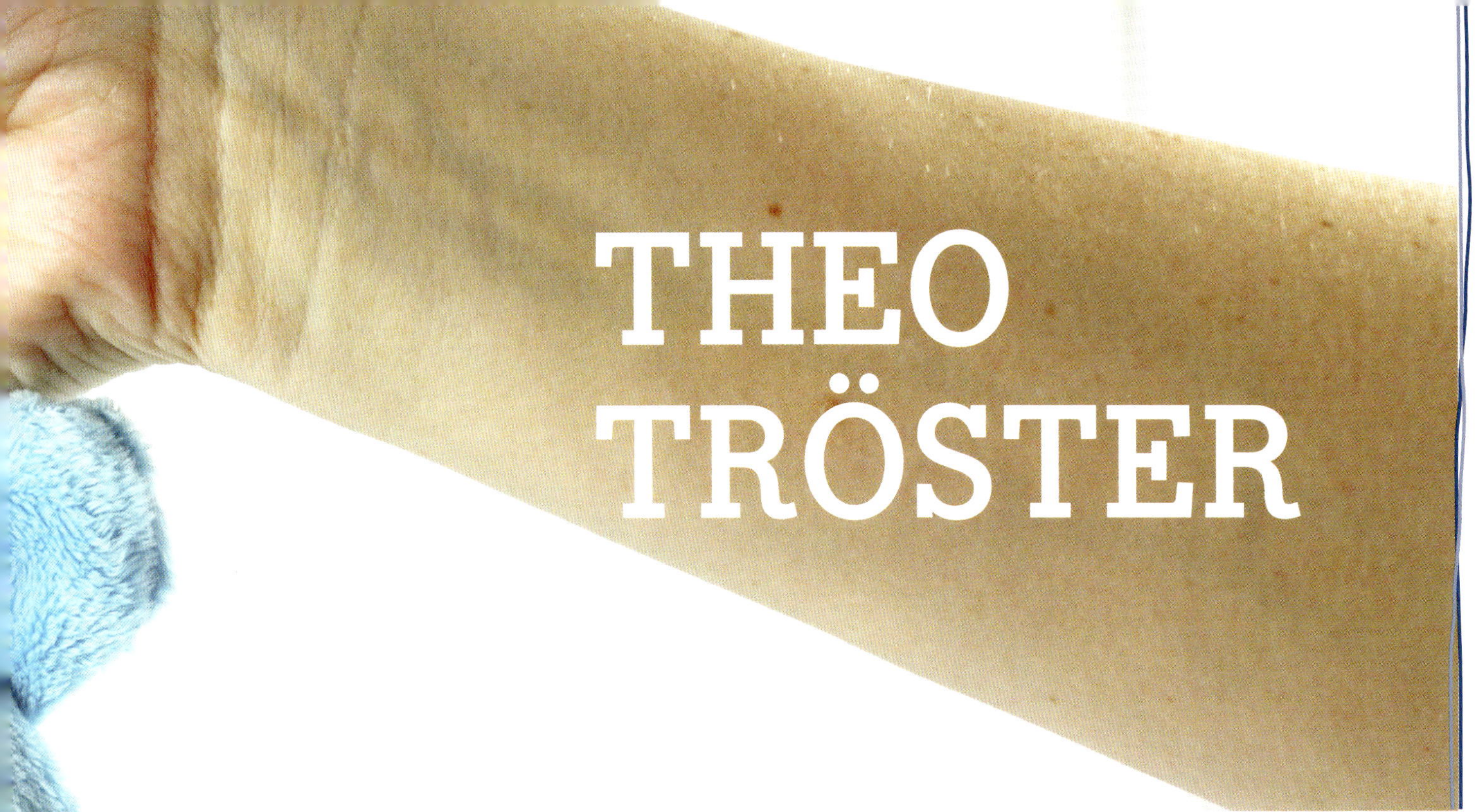

THEO TRÖSTER

ANLEITUNG

Übertrage die Schnittmusterteile auf Transparentpapier und schneide sie aus. Zeichne die Arme und Beine in doppelter Stofflage auf. Den Stoff faltest Du dazu rechts auf rechts.

ℹ Achte beim Nähen mit Plüsch auf den Fadenlauf. Beim fertigen Kissen sollte sich der Plüsch schön glatt von oben nach unten streifen lassen. Von unten nach oben streift es sich eher grob.

Schnittmuster aufzeichnen: Pause alle Elemente, die appliziert werden sollen (Zähne, Mund, Augen), auf das Vliesofix ab. Die Gesichtsteile sind auch in gespiegelter Version auf dem Schnittmusterbogen – ideal geeignet für die Verwendung von Vliesofix.

Bügle alle Einzelteile für das Gesicht auf den Stoff. Beachte dazu auf jeden Fall die Bügelvorgabe für das jeweilige Material (Plüsch z. B. lieber nicht so heiß bügeln wie Baumwolle!).

Und schon liegen alle Elemente für den neuen Bezug bereit!

> ⓘ Lege am besten ein Stück Stoff oder Backpapier dazwischen. So klebt nichts am Bügeleisen.

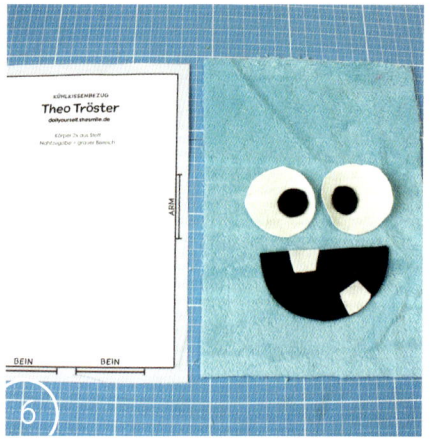

Gesicht applizieren: Wenn der Stoff abgekühlt ist, schneidest Du die Einzelteile an der Linie aus.

Mithilfe des Schnittmusters platzierst Du das Gesicht auf der Vorderseite.

Bügle das Gesicht vorsichtig fest.

8

Nähe alle Elemente sorgfältig am Rand entlang fest. Zickzackstich empfiehlt sich bei Plüsch und Baumwolle, Geradstich reicht bei Jersey.
Um die Naht zu schützen und für ein besonders schönes Stichbild ziehst Du die Fadenenden vorsichtig mit einer Stecknadel auf die Rückseite und verknotest sie.

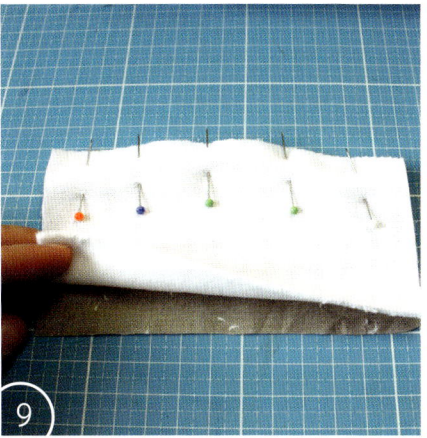

9

Kopfverband/Verschluss: Lege die beiden Stoffteile für den Kopfverband rechts auf rechts aufeinander. Nähe sie an der kurvigen Kante zusammen.

10

Wende die Stoffe und klappe die Nahtkante sorgfältig um.

11

Nähe nochmals knapp an der Nahtkante den Verschluss/Verband ab. Nähe ebenfalls eine Kurve für einen angetauschten gewickelten Verband auf. Als Vorlage dazu dient das Schnittmuster.

12

Arme & Beine: Nähe alle vier Arme und Beine im Bogen zusammen.

13

Schneide sie einzeln aus.

79

ⓘ Auch ein Label kann hier super mit eingenäht werden.

Wende die Arme und Beine und fülle sie ggf. mit etwas Füllwatte.

Vorderseite fertigstellen: Stecke Arme und Beine nach innen gedreht auf dem Vorderteil fest. Das Schnittmuster dient dabei als Platzierungshilfe. Bei anderen Kissengrößen können die Arme und Beine nach Belieben platziert werden.

Nähe nun Arme und Beine auf der Nahtzugabe knapp an der Kante fest. Diese Sicherungsnaht schützt vor dem Verrutschen beim Zusammennähen und vor dem Herausreißen der Arme und Beine, wenn daran zu fest gezogen wird.

Schlage die obere Kante nach Innen um und nähe sie knappkantig ab.
Diese Kante kann auch mit der Overlock-Maschine versäubert werden.

Lege den Verschluss/Verband mit der späteren Verbandvorderseite auf die schöne Stoffseite des Rückseitenstoffteils (bündig an der oberen Kante).

An dieser Kante nähst Du beide Stoffteile zusammen.

Versäubere die Kante noch mal mit einem Zickzackstich oder nähe sie direkt mit der Overlock-Maschine.

Zusammennähen und wenden: Lege die Vorder- und Rückseite rechts auf rechts aufeinander. Nähe sie an drei Seiten zusammen. Die obere Kante bleibt die Wendeöffnung.

Schneide nun die Nahtzugabe auf 3 mm zurück und schneide die Ecken schräg ab.

Versäubere auch diese Nahtkanten nochmal mit einem Zickzackstich und entferne ggf. Fussel mit der Fusselrolle.

Hole nun mit einem Wendestäbchen die Ecken sorgfältig heraus und befreie alles nochmal von Fusseln.

Das Kühl- oder Wärmekissen kannst Du nun oben am Kopf hineinschieben.

Wenn Du den Verband nach vorne wendest. ist der Bezug geschlossen.

Hinweis! Ein dünner Baumwollstoff auf der Rückseite empfiehlt sich vor allem bei Kühlkissen. Denn Plüsch gibt die Kälte nicht so gut ab.

♡ ANLEITUNG VON shesmile DO IT YOURSELF

vorgestellt auf Seite 57

TÜLL-TUTU

MATERIAL

- 2 Tüllrollen à 9 m in Pink und Rosa
- Breites Gummiband

WERKZEUG

- Ggf. Nähutensilien

ℹ Die vollständige Anleitung des Kostüms findest du unter
https://de.dawanda.com/do-it-yourself/naehen/flamingo-kostuem-naehen

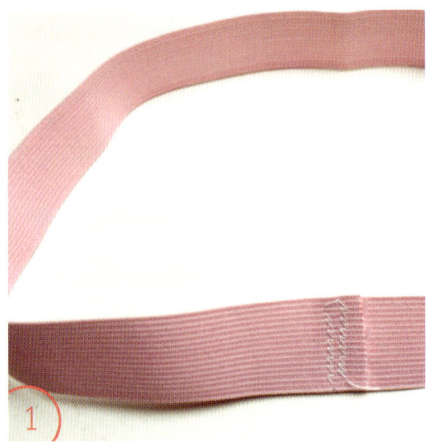

Gummiband vorbereiten: Lege die beiden Enden aufeinander und nähe sie zusammen. Wenn Du gar nicht nähen möchtest, kannst Du auch einen festen Knoten machen oder ein Satinband verwenden.

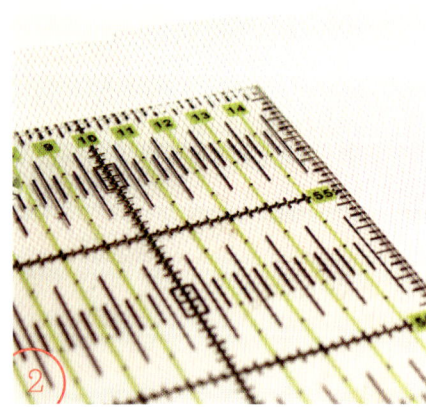

Tüll zuschneiden: Rolle nun die Tüllrollen aus und schneide ganz viele Streifen à 60 cm zu, bis die Tüllrollen leer sind.

Knotentechnik: Nimm Dir einen Tüllstreifen und bilde in der Mitte eine Schlaufe. Lege sie von hinten an das Gummiband.

Jetzt klappst Du die unteren, offenen Enden nach oben und ziehst sie durch die Schlaufe. Ziehe die Schlaufe vorsichtig und gerade fest.

Farbwechsel: Knote auf die gleiche Weise weiter Tüll an. Wechsle die Farbe nach jedem Streifen.

Fertigstellen: Fahre so fort, bis Du genug Tüll auf dem Gummiband angeknotet hast, sodass ein vollständiger Rock entstanden ist. Dieser Rock ist für Kinder gedacht! Wenn Du einen für Erwachsene machen möchtest, brauchst Du entsprechend mehr Tüll.

Geschafft

ANLEITUNG VON DIY Eule

vorgestellt auf Seite 16

MATERIAL

- 2 x Baumwolle (Grundstoff),
  41,5 x 31,5 cm
- 2 x Baumwolle (Taschen),
  41,5 x 23,5 cm
- 3 x Baumwollstreifen (Träger),
  43 x 5,5 cm
- 1 x Volumenvlies, 41,5 x 31,5 cm
- 1 x Volumenvlies, 41,5 x 23,5 cm
- 3 x KamSnaps

WERKZEUG

- Abstecknadeln
- Rollschneider oder Schere
- Lineal
- Nähmaschine

✂ Alle Nahtzugaben sind bereits enthalten.

ANLEITUNG

1

Zuerst verstärkst Du den Grundstoff und den Taschenstoff mit dem Volumenvlies.

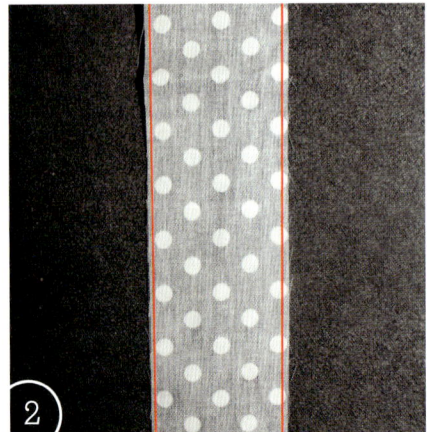

2

Dann legst Du die drei Baumwollstreifen rechts auf rechts (die schönen Seiten liegen innen) in den Bruch und schließt die Seiten entlang der Linie mit einem Geradstich. Versiegle jeweils Anfang und Ende, indem Du nach den ersten und letzten drei Stichen noch mal kurz rückwärts und dann wieder vorwärts nähst.

BETTUTENSILO

Wende die Stoffstreifen, bügle sie glatt und steppe sie noch mal knappkantig ab. Die späteren Träger sind nun fertig und können erst mal zur Seite gelegt werden.

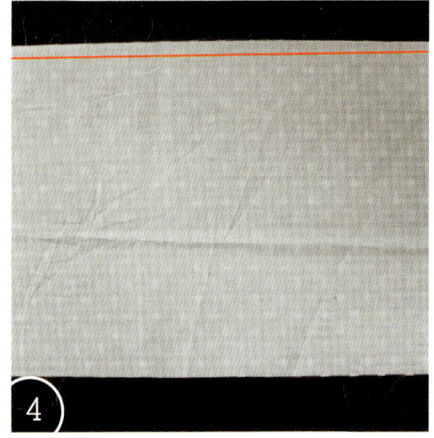

Nun nähst Du die späteren Taschen. Dazu nimmst Du beide Stoffteile und legst sie rechts auf rechts aufeinander und nähst sie entlang der Linie zusammen. Nimm hierfür wieder einen Geradstich und versiegle ihn wieder am Anfang und am Ende.

Nun klappst Du die Teile auseinander und bügelst sie wieder glatt.

Dann klappst Du 2–3 cm nach außen. Diesen Streifen bügelst Du glatt, steckst ihn ab und steppst ihn dann knappkantig mit einem Geradstich ab. Achte hierbei darauf, dass der Faden farblich zum Stoff passt.

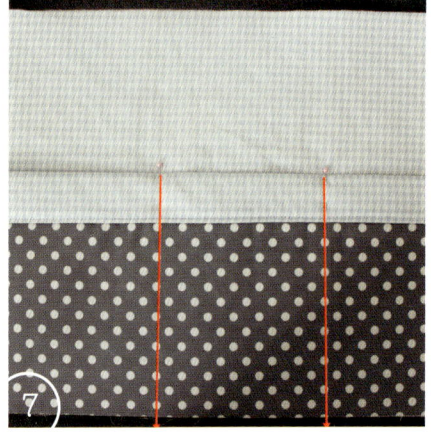

Lege die Taschen auf die Vorderseite des Grundstoffs und markiere mit Stecknadeln die Abtrennung. Hier ist völlig offen, wie viele Fächer Du nähen willst und wie breit sie sein sollen. Nachdem alles abgesteckt und markiert ist, nähst Du die Fächer mit einem Geradstich entlang der Linie. Auch hier bitte unbedingt versiegeln.

Als nächstes positionierst Du die Träger und steckst sie ab. Wenn Du Anfänger bist, kannst Du die Träger nun gerne knappkantig absteppen, damit sie im nächsten Schritt nicht mehr verrutschen können.

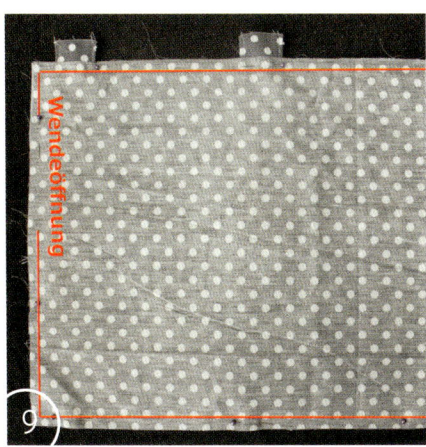

Jetzt legst Du die Rückseite des Utensilos mit der rechten (schönen) Seite oben darauf und steckst ihn sorgfältig ab. Dann nähst Du ihn mit einem Geradstich rundherum zusammen und lässt dabei unbedingt eine Wendeöffnung offen. Schneide danach rundherum den überstehenden Stoff knappkantig ab.

Jetzt legst Du die Träger ca. 2 cm auf den Grundstoff und bringst schließlich die KamSnaps an.

DAS GEWISSE ETWAS

Ich bin Mandy, Mama von zwei wundervollen Jungs und der Krümelecke. Vor vier Jahren entdeckte ich mit der Geburt meines ersten Sohnes Ben die Liebe zur Handarbeit. Ich habe angefangen, individuelle Dinge wie Fotoalben und Erinnerungsboxen für Ben zu basteln. Ich liebe die Individualität von selbstgemachten Dingen. Zum Basteln kam das Nähen dazu und die Begeisterung im Freundes- und Bekanntenkreis an diesen Schätzen war so groß, dass ich die Krümelecke gründete, um diese Einzigartigkeiten auch anderen Eltern anbieten zu können. Ich habe mich hauptsächlich auf Babyartikel spezialisiert und verleihe jedem Einzelstück das gewisse Etwas.

Nun kann das Bettutensilo gewendet werden. Arbeite hier auch schön die Kanten aus. Bügle das Bettutensilo glatt und schließe die Wendeöffnung mit einem Matratzenstich. Fertig ist Dein Bettutensilio.

Krümelecke

https://de.dawanda.com/shop/Perlenstube

/kruemelecke

SPIELZEUG-UTENSILO

MATERIAL

- 1 m Außenstoff
- 1 m Außenstoff für den Tunnelzug
- 1 m abgefütterten Innenstoff
- 3 m Gurtband
- Schieber passend zum Gurtband
- 2 D-Ringe passend zum Gurtband
- 2 Karabiner passend zum Gurtband
- 2 m Kordel
- Lederrest

WERKZEUG

- Nähmaschine
- Nähutensilien
- Knopflochfuß
- Knopflochautomatik
- Nahtauftrenner
- Ggf. Masking Tape

Alle Nahtzugaben sind bereits enthalten.

ANLEITUNG

Zuschnitt: Schneide folgende Schnitt-teile zu:

Außenstoff: 143 x 52 cm
oder zweimal 72,5 x 52 cm, wenn Dein Stoff auf weniger als 143 cm liegt.
10 x 20 cm Streifen für D-Ringe
Außenstoff oberer Teil: 143 x 40 cm
oder zweimal 72,5 x 40 cm
Futterstoff: 143 x 52 cm
2 Kreise mit einem Durchmesser von 46 cm
Wenn der Futterstoff nicht abgesteppt ist: 143 x 52 cm Volumenvlies, ein Kreis mit einem Durchmesser von 46 cm
Leder: 5 x 6 cm

Oberen Teil vorbereiten:
Schnappe Dir zuerst den Stoff für den oberen Teil. Wenn Du zwei Teile zu-schneiden musstest, weil Dein Stoff von der Länge her nicht gereicht hat, kannst Du diese zunächst an den kurzen Seiten rechts auf rechts mit 1 cm Nahtzugabe zusammennähen. Versäubere und bügle die Naht.
Als Nächstes wird der Tunnelzug vorbe-reitet. Bügele die obere, lange Kante 3 cm zur linken Seite hin um. Falte den Stoff erneut 3 cm ein und bügle die Kante wieder. Das wird später Dein Tun-nelzug. Markiere Dir nun die Stellen, an denen Deine Knopflöcher für die Kordel sitzen sollen. Mit einem Knopflochfuß und einer Knopflochautomatik kannst Du nun zwei Knopflöcher setzen. Achte darauf, dass die Knopflöcher unterhalb der unteren Bügelfalte liegen und nicht länger als 3 cm sind. Öffne dann die Knopflöcher vorsichtig mit einem Nahtauftrenner.

Innenteil vorbereiten: Wenn Du keinen besteppten Stoff benutzt, kannst Du nun das Volumenvlies auf den Innenstoff bü-geln bzw. aufsteppen. Falte dann das lange Rechteck rechts auf rechts aufein-ander, sodass die beiden kurzen Seiten aufeinandertreffen. Nähe an dieser Kante entlang mit 1 cm Nahtzugabe.

Inneren Boden annähen: Lege dann den inneren Boden mit der rechten Seite nach innen zeigend unten an den eben genähten Schaft. Stecke alles ringsherum fest und nähe einmal ringsherum.

Oberen und unteren Außenstoff zusammennähen: Wenn Du für den unteren Außenstoff auch zwei Stücke zuschneiden musstest, nähst Du diese zunächst auch an der kurzen Seite rechts auf rechts zusammen. Lege den oberen und unteren Außenstoff jetzt rechts auf rechts aufeinander und nähe entlang der langen Kante. Steppe die Nahtzugabe anschließend von außen in Richtung des unteren Stoffes ab. Schneide Dir zwei 37 cm lange Stücke vom Gurtband zu. Klappe die Enden jeweils 3 cm um und nähe die Henkel ca. 6 cm unter der Naht der beiden Stoffe an. Von der Position aus nähst Du sie am besten ca. 35 cm vom linken bzw. rechten Rand an.

D-Ringe vorbereiten: Nimm Dir das 10 x 20 cm große Stoffstück. Falte es einmal mittig links auf links (5 x 20 cm), bügle es und falte die beiden langen Seiten noch einmal nach innen (2,5 x 20 cm). Nähe dann an der offenen Kante entlang. Schneide den Streifen dann in der Mitte durch (zweimal 2,5 x 20 cm). Schiebe jeweils einen D-Ring mittig auf jeden Streifen.

Äußeren Teil nähen: Falte den Außenstoff rechts auf rechts aufeinander zu einem Schaft. Ungefähr 5 cm von der oberen Kante des unteren Außenstoffes legst Du noch einen gefalteten Stoffstreifen mit D-Ring zwischen die Naht. Der D-Ring selbst liegt dabei innen. Nähe die Stoffe an der Kante zusammen. Du nähst hierbei sowohl über den unteren als auch über den oberen Stoff. Versäubere und bügle die Naht. Lege dann den zweiten Kreis mit der rechten Seite nach oben von unten an den Schaft und stecke ihn ringsherum fest. Ich habe auch den zweiten Kreis aus dem Innenstoff gewählt, da so noch einmal ein schöner Kontrast geschaffen wird und der Korb auch stabiler wird.

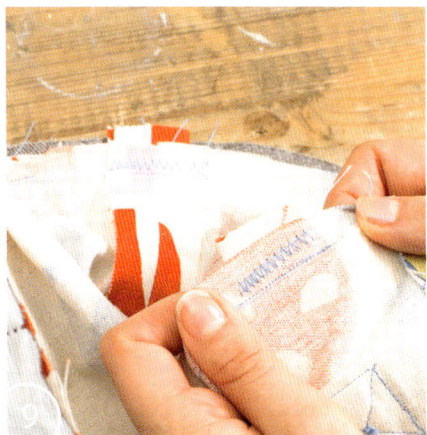

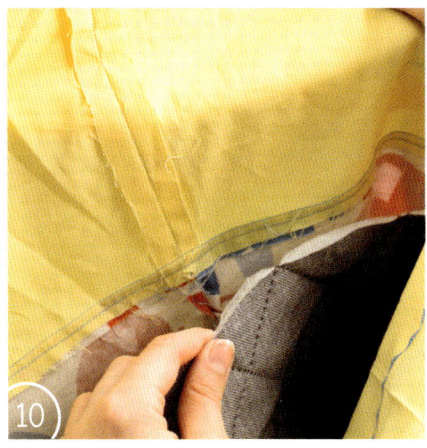

D-Ring einnähen: Schiebe dann einen der zusammengeklappten Stoffstreifen mit D-Ring genau zwischen Seitennaht und Kreisboden, sodass der D-Ring innen liegt. Jetzt kannst Du den Kreis einmal ringsherum festnähen.

Verstärken: Verstärke die beiden Stellen, an denen die Stoffstücke mit D-Ring in die Naht eingearbeitet sind, indem Du hinter der Naht noch einige Male mit einem Zickzackstich über die Stofflagen nähst.

Außen- und Innenteil zusammenbringen: Wende jetzt das Außenteil, sodass die rechte Seite nach außen schaut. Stülpe den inneren Teil in den Außenstoff. Die beiden linken Seiten liegen nun aufeinander. Drehe den inneren Teil so lange, bis die Seitennähte aufeinandertreffen.

Zusammennähen: Lege Dir jetzt die beiden oberen Kanten von Außen- und Innenstoff genau aufeinander. Ziehe den oberen Außenstoff nun nach innen über die Kante. Fixiere den oberen Rand mit Klemmen oder Nadeln. Steppe den oberen Rand nun 3 mm unter der ersten Steppnaht ab. Jetzt hast Du Außen- und Innenstoffe zusammengenäht.

Kordel und Kordelstopper: Ziehe die Kordel durch die Knopflöcher in den Tunnelzug. Am einfachsten funktioniert das, wenn Du ein Ende auf eine Sicherheitsnadel aufziehst und mit Masking Tape fixierst. Jetzt kannst Du die Sicherheitsnadel einfach durch den Tunnelzug führen. Kürze sie auf die gewünschte Länge und verknote die Enden. Nimm Dir nun das Lederstück. Falte die beiden kurzen Seiten einmal zur Mitte. Stich nun, z. B. mit einer Ahle, einige Löcher (bei mir waren es zweimal 6) ein. Ziehe die Kordel in die Falz und nähe das Lederstück in der Mitte mit der Hand zusammen.

Gurtband vorbereiten: Schneide Dir 1,7 m vom Gurtband ab. Ziehe es durch die eine Seite des Schiebers nach oben und durch die andere wieder nach unten. Fädle dann einen der Karabiner auf. Mit dem gleichen Gurtband-Ende gehst Du dann wieder von unten durch den Schieber und bildest in der ersten Schlaufe eine zweite. Führe das Gurtband dann auf der anderen Seite des Schiebers wieder nach unten.

Klappe dann das Ende vom Gurtband 3 cm nach oben und nähe es, wie im Bild gezeigt, an dem Teil des Gurtbandes an, dass nah hinter dem Karabiner liegt. Gehe am besten noch einmal auf Nummer sicher, dass auch nichts verdreht ist, bevor Du das Gurtband annähst.

Ziehe das andere Gurtband-Ende durch den zweiten Karabiner, klappe es 3 cm nach innen und nähe es an.

Bringe nun das Gurtband an den D-Ringen an und stelle es auf die passende Größe ein. Schon bist Du fertig!

ⓘ Dieser Sitzsack ist nicht zum Toben oder darauf Rumhüpfen geeignet, da dies zum Reißen der Nähte führen kann. Wenn doch, solltest Du derbere Stoffe und doppelte Nähte verwenden.

SITZSACK
IM PATCHWORK-DESIGN

MATERIAL

- Vorderseite: 64 x verschiedenfarbige/gemusterte Baumwollstoffe à 15 x 15 cm
- Rückseite: Baumwollstoff uni oder gemustert, ca. 120 x 120 cm
- Reißverschluss, ca. 80 cm lang
- Innensack, 115 x 115 cm
- ca. 200 – 250 l Styroporkugeln (Füllmenge kann nach eigenem Belieben variieren)

WERKZEUG

- Nähmaschine
- Stecknadeln
- Schere
- Bügeleisen

✄ Alle Nahtzugaben sind bereits enthalten.

ANLEITUNG

Lege Dir die Vorderseite mit den Quadraten in der Anordnung von 8 x 8 cm, wie sie Dir gefällt.

Lege die einzelnen Reihen dann jeweils versetzt auf einen Stapel zusammen.

Nähe jeweils 8 Stoffquadrate in Reihe rechts auf rechts zusammen.

Nähe dann die 8 Stoffreihen jeweils rechts auf rechts aneinander, sodass ein Quadrat entsteht. Bügle Dein Werk nun.

Lege nun das Vorder- und Rückteil an einer Kante rechts auf rechts übereinander und nähe es an dieser Seite mit einer Nahtzugabe von ca. 1,5 cm zusammen, (je nachdem, wie breit Dein Reißverschluss ist). Bügle die Nahtzugaben nun auseinander. Miss nun den Reißverschluss und markiere die Länge am Stoff. Den Bereich innerhalb der Markierung kannst Du zum Teil nun wieder auftrennen. Am besten dort, wo der Schieber ist, (dies ist nötig, um die Schieber beim Nähen am Nähfuß vorbeizuführen).

Den Reißverschluss auf den Schlitz legen und mit Nadeln so an den Stoffkanten befestigen, dass die beiden Stoffkanten über der Spirale zusammenstoßen. Du nähst sozusagen einen verdeckten Reißverschluss.

Den Reißverschluss festnähen.

Klappe nun die Vorderseite rechts auf rechts auf den Rückseitenstoff, streiche alles richtig glatt und stecke es ringsum mit Stecknadeln ab.

Achte darauf, dass Du, bevor Du nun den Bezug komplett an den drei Seiten absteppst, den Reißverschluss öffnest, damit Du den Bezug nach dem Nähen wenden kannst.

Nachdem Du nun die drei Seiten abgesteppt hast, schneide den überstehenden Stoff ab und wende den Bezug. Bügle ihn. Nun den Innensack in den Bezug stecken und den Innensack mit den Styroporkugeln befüllen.

DESIGNER

vorgestellt auf Seite 69

MATERIAL

- Baumwollstoff A, ca. 150 x 260 cm
- Baumwollstoff B, ca. 150 x 150 cm
- 4 Holzstangen, 1,9 cm Durchmesser ca. 2,20 m lang
- Bänder zum Verzieren und Zubinden
- Nähgarn

WERKZEUG

- Nähmaschine & Zubehör

✄ Alle Nahtzugaben sind bereits enthalten.

✄ Das Schnittmuster findest Du auf dem Schnittmusterbogen.

TIPI FÜR KLEINE INDIANER

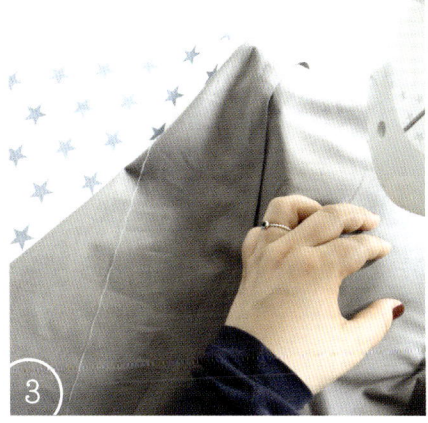

Aus den ausgewählten Stoffen werden erst mal die drei Wände (Stoff A) und die Laschen (Stoff B), in die die Stangen später eingesteckt werden, zugeschnitten.

Nun werden aus Stoff A T1 und T3 für die Tür (Außensicht) zugeschnitten und aus Stoff B T2, T4 und T5 (Maße siehe Schnittmuster).

Nähen: Du beginnst damit, bei den Teilen T1 und T2 (T3 und T4) die vertikalen Kanten und die unteren horizontalen Kanten umzunähen. Dabei werden auch die Bänder zum Zubinden eingenäht (2 Stück ca. 20 cm lang). Achte dabei darauf, dass die Stoffe beim Zunähen rechts auf rechts liegen.

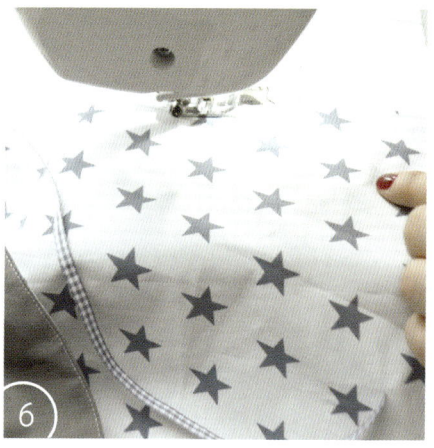

Nun wendest Du die zwei Türteile.

Damit Du eine schöne Kante bekommst, bügelst Du die Trapeze.

Nun steppst Du die vertikalen Türkanten und die unteren horizontalen Kanten mit Geradestick.

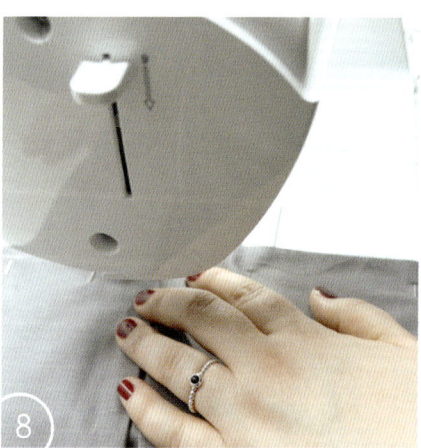

Als nächstes steckst Du das kleine Trapez (das ist das obere Türteil T5) an den zwei großen Trapezen (Türteile links und rechts) mit Stecknadeln zusammen.

Nun nähst Du die drei Trapeze vorsichtig zusammen.

Jetzt kannst Du, wenn Du möchtest, die Naht mit Band verzieren. Ich habe mich für weißes Zackenlitzenband entschieden. Nun ist der Tipieingang fertig.

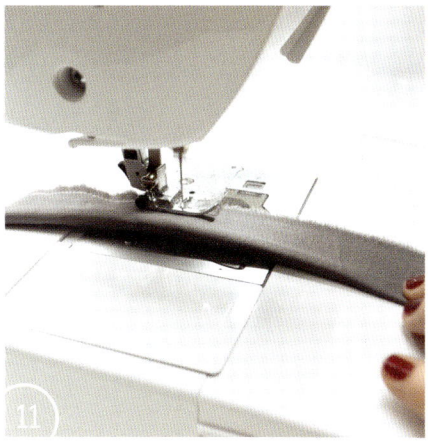

Als nächstes nähst Du die vier Laschen an den kurzen Seiten um.

Nachdem Du die Laschen umgenäht hast, werden sie mittig geklappt und längs abgesteppt.

Jetzt umsäumst Du die drei Seitenwände (Stoff A) an den horizontalen Seiten (oben und unten).

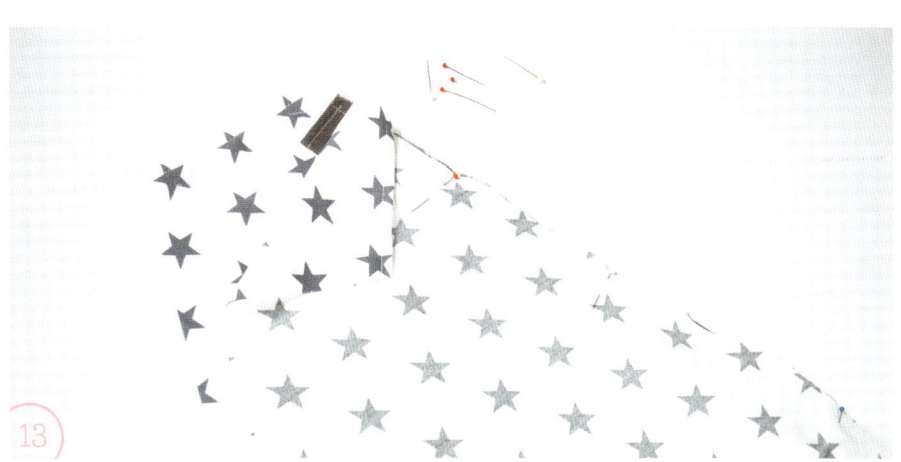

Als nächstes steckst Du die Teile zusammen. Dabei ist zu beachten, dass die Wände (Stoff A) rechts auf rechts liegen und dazwischen immer eine Lasche für die Stangen zusammengesteckt wird. Die Wände nähst Du samt Laschen zusammen. Wenn Du keine Overlock-Maschine hast, kannst Du das Ganze mit Geradestich zusammennähen und mit einem Zickzackstich versäubern. Jetzt werden die Stangen eingesteckt. Den oberen Knoten bindest Du für mehr Stabilität mit einem Band oder Stoffrest zu. Fertig!

DESIGNER Nanilu

vorgestellt auf Seite 33

MATERIAL

Für den Wolf:
❯ Teddystoff in Grau, ca. 1 m
❯ passender Futterstoff, grau-kariert, ca. 1 m

Für das Rotkäppchen:
❯ Roter Samtstoff, mindestens 1,5 m

WERKZEUG

❯ Nähmaschine, ggf. Overlock-Maschine
❯ Stoffschere
❯ Stecknadeln/Klammern
❯ Passendes Garn

✂ Alle Nahtzugaben sind bereits enthalten.

ROTKÄPPCHEN UND DER WOLF

ANLEITUNG DER WOLF

Das Wolfskostüm besteht aus einer Weste mit Kapuze, dazu kommen die Ohren und natürlich ein Schwanz. Für den Zuschnitt kannst Du Dir eine gut sitzende Weste zur Hand nehmen und einfach abzeichnen. Vergiss dabei die Nahtzugabe nicht. Auch das Zusammenstückeln von Schnittmustern kannst Du hier anwenden. Besonders bei der Kapuze ist das sehr einfach. Wähle dabei einen Schnitt einer Kapuze mit Mittelstreifen, damit die Kapuze aus jeweils 3 Schnittteilen besteht. Ohren und Schwanz zeichne Dir ebenfalls vor. Schneide folgende Schnittteile zu: Rückenteil, 1 x jeweils aus Teddystoff und Futterstoff, Vorderteil, 2 x gegengleich jeweils aus Teddystoff und Futterstoff, Kapuze 3-teilig, 2 x aus Teddystoff und Futterstoff, Schwanz, 2 x aus Teddystoff, Ohren, 2 x jeweils aus Teddystoff und Futterstoff.

Kapuzenfutter nähen: Stecke den Kapuzenstreifen jeweils rechts und links an die Seitenteile der Kapuze rechts auf rechts und nähe sie zusammen.

Westenfutter nähen: Lege die Vorderteile der Weste rechts auf rechts auf das Rückenteil und nähe sie erst an der Schulternaht und anschließend an der Seite zusammen. Die Armlöcher bleiben natürlich offen.

Ohren nähen: Lege jeweils ein Schnittteil für das Ohr aus Futter- und Teddystoff rechts auf rechts aufeinander und nähe sie oben zusammen. Die untere Kante bleibt offen. Ohren wenden.

Ohren annähen: Stecke die Ohren auf den Kapuzenstreifen aus Teddystoff. Nähe sie an.

Kapuze nähen: Stecke die Seitenteile der Kapuze aus Deinem Teddystoff rechts auf rechts zusammen und nähe sie zusammen.

Kapuze fertigstellen: Nähe nun die Außen- und Futterkapuze zusammen. Achte darauf, dass die Nähte aufeinandertreffen. Nähe sie an der vorderen Kante zusammen, die untere Kante bleibt offen. Anschließend die Kapuze wenden. Wenn Du möchtest, kannst Du die Kapuze vorne noch absteppen.

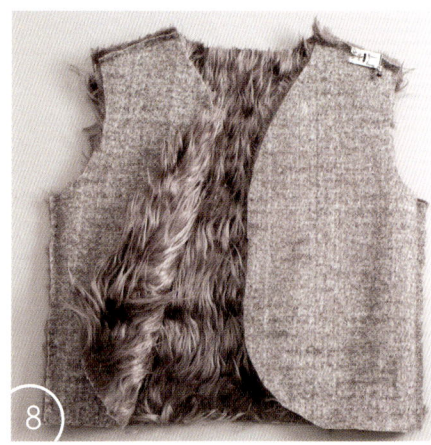

Weste nähen: Nähe nun die Weste aus Deinem Teddystoff genauso wie auch schon die Futterweste zusammen.

Schwanz nähen: Lege die beiden Schnittteile für den Schwanz rechts auf rechts zusammen und nähe sie an den zwei langen Seiten zusammen. Die untere Kante bleibt offen. Schneide an der Spitze die Nahtzugabe bis knapp vor der Naht zurück und wende den Schwanz.

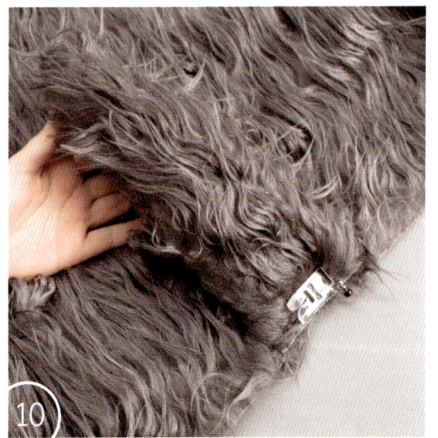

Schwanz annähen: Platziere den Schwanz mittig auf dem Rückenteil der Weste aus Teddystoff und nähe ihn fest.

Kapuze annähen: Stecke die Kapuze mit der unteren Kante am Halsausschnitt der Teddystoff-Weste fest und nähe sie an.

Weste zusammennähen: Lege nun die beiden Westen rechts auf rechts zusammen. Dabei liegen Kapuze und Schwanz dazwischen und schauen nicht heraus. Nähe beide Westen an den Außenkanten zusammen. Wende anschließend die Weste durch die noch offenen Armlöcher.

Armlöcher nähen: Klappe jeweils die Nahtzugabe an den Armlöchern 1 cm um und stecke Außenstoff und Futter zusammen. Nun knappkantig absteppen.

ANLEITUNG ROTKÄPPCHEN

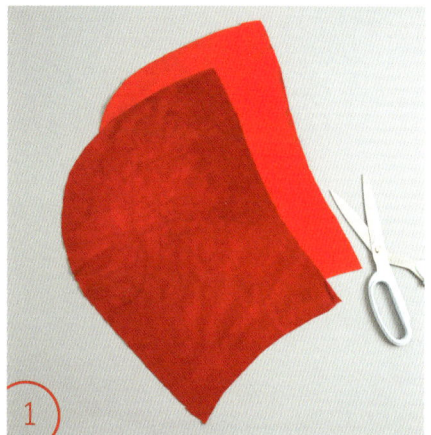

Kapuze zuschneiden: Das Rotkäppchen-Kostüm besteht aus einem roten Cape mit Kapuze. Suche Dir eine Vorlage für die Kapuze heraus und schneide entsprechend die Kapuzenteile zu. Hier reicht auch eine zweiteilige Kapuze.

Cape zuschneiden: Falte Deinen Stoff einmal mittig und schneide Dir das Cape an der unteren Kante rund zu. Der Bruch wird später die Schulter bedecken.

Vordere Kante aufschneiden: Schneide das Cape vorne bis zum Bruch mittig auf.

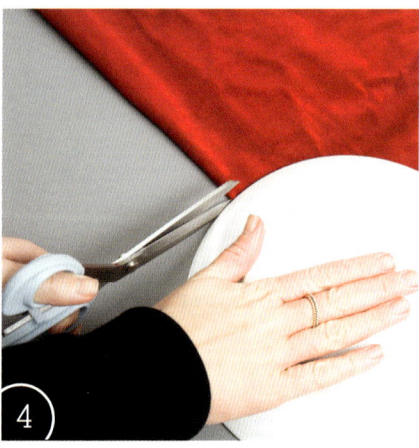

Halsausschnitt zuschneiden: Mithilfe eines Tellers oder eines anderen runden Gegenstandes kannst Du den Halsausschnitt aufzeichnen und ausschneiden.

Kapuze zusammennähen: Lege die Schnittteile der Kapuze rechts auf rechts zusammen und nähe sie fest. Hier kannst Du mit einer Overlock oder einer normalen Nähmaschine nähen. Versäubere jede Naht noch zusätzlich.

Absteppen: Versäubere auch die vordere Kante der Kapuze. Klappe dann die Kante ca. 1 cm um und steppe knappkantig ab.

Kapuze annähen: Stecke die Kapuze am Halsausschnitt fest. Beginne dabei an der hinteren Mitte. Nähe die Kapuze an und versäubere die Kante anschließend nach Bedarf.

Versäubern: Zum Schluss versäubere alle weiteren Kanten an Deinem Cape.

HAUPTSACHE SELBSTGEMACHT

Mit DIY mache ich mir meine Welt, wie sie mir gefällt. Egal mit welchem Material, welchen Farben oder Formen, Hauptsache selbstgemacht! Auf meinem Blog pusteblog.de zeige ich nicht nur meine neuesten Werke, sondern teile dort auch immer wieder meine Gedanken und zeige meinen ganz persönlichen Blick auf mein Berlin. Auch auf Facebook und Instagram findest Du viele Inspirationen.

Svenja aus dem DaWanda DIY Team
https://de.dawanda.com/do-it-yourself/
/pusteblog
http://pusteblog.de/

KRONE
AUS SPITZENBORTE

	Alle Nahtzugaben sind bereits enthalten.

MATERIAL

- ca. 50 cm Baumwollspitze
- Speisestärke
- Wasser
- Perlen

WERKZEUG

- Heißklebepistole
- Schere

✂ Alle Nahtzugaben sind bereits enthalten.

ANLEITUNG

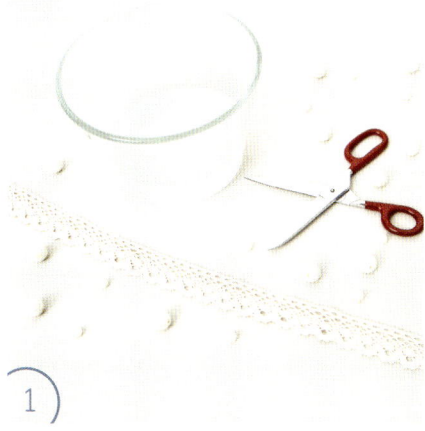

1

Stärkebad vorbereiten: In einem Topf vermischst Du 1 EL Speisestärke mit kaltem Wasser (ca. 250 ml). Erhitze dann die Mischung unter ständigem Rühren, bis sie dickflüssig wird.

2

Warte kurz, bis die Flüssigkeit abkühlt. Danach tauchst Du die Spitze ins Stärkebad. Anschließend lässt Du die Spitze auf dem Heizkörper trocknen.

Spitze kürzen: Miss nun, wie lang die Spitze sein muss, damit sie auf den Kopf des Kindes passt. Wenn nötig, kannst Du sie etwas kürzen.

Krone zusammenkleben: Trage Kleber mit der Heißklebepistole auf ein Ende der Spitze auf und klebe die Krone zu einem Ring zusammen.

Perlen anbringen: Wenn Du möchtest, kannst Du noch die obere Kante von Deiner Krone mit Perlen in passender Farbe verzieren.

Fertig!

MIT KRÖNCHEN

Marysia Szymanska liebt Heimwerken und basteln. „Das befreit mich vom Stress", sagt sie selbst. Marysia ist Teil des DaWanda-Teams und zeigt unter dawanda.com/do-it-yourself ihre Ideen zum Selbermachen.

Marysia von DaWanda
https://de.dawanda.com/do-it-yourself

Gestaltung: Karla Breilmann, KreaTec im Landwirtschaftsverlag GmbH
Illustrationen: Florencia Orpianesi, DaWanda GmbH
Foto Seite 4/5: Nina Bungers, www.pinspiration.de
Lektorat: Gisela Gottbrath, www.alpha-office-muenster.de; Tanja Beil, Nähhexe aus Altena
Druck: Westermann Druck Zwickau GmbH
Projektmanagement: Romie Bruk, DaWanda GmbH

ISBN 978-3-7843-5489-7

Alles drin

Reisebegleiter